Paris
1869

Varnhagen von Ense

Vie de Seydlitz

VIE
DE SEYDLITZ

PAR

VARNHAGEN VON ENSE

TRADUIT DE L'ALLEMAND

PAR

SAVIN DELARCLAUSE

CHEF D'ESCADRONS AU 3ᵉ RÉGIMENT DE HUSSARDS

> Un grand général de cavalerie est aussi rare qu'un grand général en chef. Il doit posséder un coup d'œil rapide, un esprit calme et ferme, de l'intrépidité et de la prudence, en un mot beaucoup de talent
>
> (BISMARCK.)

AVEC PLANS

PARIS

CH. TANERA, ÉDITEUR

LIBRAIRIE POUR L'ART MILITAIRE, LES SCIENCES ET LES ARTS

Rue de Savoie, 6

1869

VIE
DE SEYDLITZ

ÉVREUX, IMPRIMERIE DE A. HÉRISSEY

Imp. Jouen, Paris

VIE
DE SEYDLITZ

PAR

VARNHAGEN VON ENSE

TRADUIT DE L'ALLEMAND

PAR

SAVIN DELARCLAUSE

CHEF D'ESCADRONS AU 3ᵉ RÉGIMENT DE HUSSARDS

> Un grand général de cavalerie est aussi
> rare qu'un grand général en chef. Il doit
> posséder un coup d'œil rapide, un esprit
> calme et ferme, de l'intrépidité et de la
> prudence, en un mot beaucoup de talent.
>
> (BISMARCK.)

AVEC PLANS

PARIS

CH. TANERA, ÉDITEUR

LIBRAIRIE POUR L'ART MILITAIRE, LES SCIENCES ET LES ARTS

Rue de Savoie, 6

1869

Il est peu de lectures plus attrayantes et plus instructives que celle de la vie des grands hommes de tous les temps. Nous trouvons beaucoup de charmes à étudier dans Plutarque les héros grecs et romains: mais nous préférons encore prendre pour modèles les grands hommes de l'époque moderne qui ont. pour ainsi dire, vécu de notre vie, dans la même carrière que nous, et dont les hauts faits nous passionnent. en nous inspirant la noble ambition de les imiter. si Dieu nous en offre l'occasion.

Le Prussien Seydlitz nous apparaît comme la plus grande figure d'officier de cavalerie des

temps modernes. car, malgré l'éclatant renom
qu'ont acquis sous l'Empire plusieurs de nos
généraux, aucun n'a surpassé Seydlitz. Les noms
si glorieux pour la France de Rivoli et de Ma-
rengo, d'Eylau, de Friedland et d'Essling, rap-
pellent ceux de Lassalle et de Kellermann, de
Murat, de Grouchy et de Bessières ; mais dans
aucune de ces victoires la cavalerie française
n'a joué un aussi grand rôle que celle de Seydlitz à Rossbach et à Zorndorf.

On en trouverait peut-être la raison dans la
différence des temps, dans la proportion plus
considérable de la cavalerie des armées de Frédéric II, et dans la plus grande indépendance
qui lui était accordée ; mais ce n'est pas ici le
lieu de nous livrer à cette discussion.

A l'avénement du Grand Frédéric. la cavalerie prussienne était peu redoutable: Ziéten et
Seydlitz la rendirent invincible tant qu'ils furent
à sa tête, et c'est là ce qui fait la grandeur de
ces deux généraux.

Nos réserves de cavalerie prirent en 1806 une glorieuse revanche de Rossbach sur ces mêmes cavaliers prussiens qui n'étaient pas conduits par un autre Seydlitz.

C'est que la cavalerie ne vaut presque toujours que ce que vaut lui-même le chef qui la commande, et nous ne craignons pas de dire que le tir rapide et à longue portée de l'infanterie et de l'artillerie n'empêchera pas la cavalerie de gagner des batailles toutes les fois qu'elle sera commandée par un grand général, et qu'elle aura l'indépendance qui lui est indispensable.

Plusieurs auteurs allemands ont écrit sur Seydlitz. L'excellent ouvrage du comte de Bismarck ne traite que la partie toute militaire de la vie du héros prussien, et nous a valu quelques pages charmantes du général de Brack dans une étude malheureusement inachevée, et publiée dans le *Spectateur militaire* en 1838.

Nous avons donné la préférence au livre de

Varnhagen von Ense, parce qu'il renferme le plus de détails intéressants sur la vie publique et privée de Seydlitz, et qu'il est exempt de l'exagération et de l'emphase d'autres biographes allemands.

Si quelques-uns de nos camarades trouvent de l'intérêt à la lecture de ce petit livre, nous nous féliciterons de n'avoir pas reculé devant le rôle ingrat du traducteur.

L.

Janvier 1869.

VIE DE SEYDLITZ

I

PREMIÈRES ANNÉES DE SEYDLITZ

Frédéric-Guillaume de Seydlitz naquit à Calcar, dans le duché de Clèves, le 3 février 1721. Son père, Daniel, baron de Seydlitz, était capitaine dans le régiment de dragons en garnison à Calcar ; sa mère appartenait à la famille d'Ihlow.

Grâce à sa naissance et à la position de son père, Seydlitz fut destiné de bonne heure à l'armée. Il reçut une instruction fort négligée, comme les fils de familles nobles d'alors ; mais il excella dans tous les exercices du corps, qu'il aimait avec passion. Dès l'âge de sept ans, Seydlitz montait solidement à cheval.

Sur ces entrefaites, le capitaine de Seydlitz passa dans le régiment de cuirassiers du margrave Frédéric-Guillaume de Schwedt, où il eut l'occasion de raconter les prouesses de son fils à ce prince, qui était passionné pour toutes les témérités. Seydlitz perdit son père avant d'avoir atteint sa huitième année. Sa mère l'envoya alors au collége de Freienwald, dans la Nouvelle-Marche. L'enfant y fit peu de progrès, sans calmer la fougue de son caractère. Lorsqu'il fut près d'atteindre sa quatorzième année, le margrave de Schwedt, qui ne perdait pas de vue le jeune orphelin, en fit son page.

Ce prince, neveu et gendre du roi Frédéric-Guillaume Ier, continuait dans l'âge mûr la vie déréglée et folle qu'il avait menée dans sa jeunesse. Ni les exigences du service militaire, ni le mécontentement du roi, son beau-père, ne pouvaient calmer cette nature indomptable. Monter les chevaux les plus difficiles, franchir des obstacles effrayants, voler au-devant du danger, étaient les jeux favoris du Margrave. A l'école d'un tel maître, Seydlitz manqua vingt fois de se rompre le cou ; mais ce genre de vie développa chez lui les qualités qui en firent plus tard un héros.

Son audace et son adresse lui gagnèrent complétement l'affection du Margrave, dont la tendresse pour son favori se manifestait, du reste, d'une façon inusitée : en l'exposant à de continuels dangers. Sans parler des chevaux indomptés, il faisait monter son page sur un cerf sauvage qu'il s'amusait à poursuivre dans son parc, et le jeune homme devait résister aux bonds désordonnés de son étrange monture. Une autre fois, le Margrave lançait en rase campagne sa voiture attelée de quatre chevaux fougueux. Il faisait descendre le cocher et les postillons, et il excitait alors les chevaux. que ne retenait plus aucun frein. Puis, quand le char versait ou venait à se rompre, prince et page, ce dernier placé sur le marche-pied, selon la coutume d'alors, sautaient adroitement à terre. Ils galopaient souvent entre les ailes d'un moulin à vent qui tournait, risquant ainsi de se faire mettre en pièces. Seydlitz répéta ce jeu téméraire lorsqu'il était déjà général de cavalerie.

Ces tours de force donnèrent à Seydlitz autant

d'adresse que de vivacité, d'audace que de présence d'esprit. Le Margrave, bien que général, ne fit jamais la guerre, et ces exercices ne furent pour lui qu'un passe-temps. Seydlitz, au contraire, y puisa de rudes leçons pour sa carrière militaire. Il devint un cavalier accompli, en apprenant à ne connaître aucun obstacle et à ne redouter aucun danger.

Malheureusement, le jeune homme n'était que trop porté à se livrer aux excès de tout genre dont son maître lui donnait l'exemple. Il conserva toute sa vie, pour les plaisirs, une passion violente dont les suites lui devinrent funestes. Il contracta également l'habitude de fumer, dont il abusa toujours.

Seydlitz resta quatre ans chez le Margrave, et, quand il fut dans sa dix-huitième année, son protecteur le nomma cornette dans le régiment de cuirassiers dont il était propriétaire et qui tenait garnison à Belgarde, en Poméranie. Le colonel de Rochow, qui commandait ce régiment, était en assez mauvais termes avec le Margrave; aussi n'accueillit-il pas très-bien le favori du prince, dans lequel il voyait un espion incommode. Seydlitz trouva au régiment une discipline sévère et

un service pénible, au lieu de l'indépendance et
de l'oisiveté auxquelles l'avait habitué le Margrave. Il s'y soumit impatiemment, et sa joie fut
grande lorsqu'il apprit que la guerre était décla-
rée.

II

GUERRES DE SILÉSIE

Frédéric II, à peine monté sur le trône, se décida à prendre les armes pour faire valoir ses droits sur la Silésie. L'impératrice Marie-Thérèse se trouvait alors dans une situation difficile, par suite des prétentions élevées de plusieurs côtés sur les provinces héréditaires de l'Autriche. Frédéric résolut d'en profiter. Plein d'activité, d'ambition et d'amour de la gloire, il n'attendit point que ses prétentions fussent discutées, et, sans déclaration de guerre, il envahit la Silésie, en décembre 1740.

Le régiment du margrave de Schwedt entra en campagne en 1741 et prit part à la première guerre de Silésie, dont les résultats furent si rapides et si funestes à l'Autriche. Seydlitz eut l'occasion de montrer devant l'ennemi l'audace et la promptitude de coup d'œil dont il avait donné tant de preuves. Le jeune cornette n'avait pas su gagner les bonnes grâces de son colonel, mais leurs rapports étaient devenus moins désagréables que dans l'uniformité pesante et ennuyeuse de la vie de garnison.

Frédéric ouvrit la campagne avec éclat. Il conquit rapidement toute la Silésie, pénétra en Moravie, et menaça Marie-Thérèse jusque dans Vienne. En avril 1742, le Roi rentra en Bohême, laissant la Silésie presque découverte du côté de la Moravie, d'où la cavalerie légère hongroise ne cessait d'inquiéter les Prussiens.

Le colonel de Rochow occupait avec ses cuirassiers la petite ville de Cranowitz, près de Ratibor, et s'y était fortifié. Sur la nouvelle que 5,000 Hongrois allaient venir l'attaquer, il voulut faire occuper, pour servir de poste avancé, un village situé dans une vallée étroite par laquelle l'ennemi devait arriver. Le cornette Seydlitz reçut l'ordre de s'établir dans ce village avec 30 cuirassiers et de s'y défendre jusqu'à l'arrivée de l'infanterie qu'on enverrait à son secours. Le jeune officier vit clairement qu'on lui demandait une chose impossible, et que c'était

dans une mauvaise intention que le colonel con-
fiait à un simple cornette une mission de cette
importance. Avant de partir, il déclara hautement
que ce poste d'honneur devait être donné à un
camarade plus ancien que lui, mais qu'il n'en
ferait pas moins son devoir et qu'il promettait au
colonel de vendre chèrement sa vie.

Seydlitz se rend au village ; il en reconnaît les
abords et fait avec soin ses préparatifs de défense.
Toutes les issues sont barricadées. Les cuirassiers
mettent pied à terre, renferment leurs chevaux
dans une cour et sont placés dans les jardins du
village, derrière les murs et les haies, la carabine
au poing. L'ennemi paraît bientôt et s'approche
sans défiance du village. Il est reçu par une vive
fusillade qui l'arrête et le fait reculer. Mais le feu
peu nourri de la garnison avertit les Hongrois de sa
faiblesse ; ils reviennent alors à l'attaque et entou-
rent le village de feux. Seydlitz se défend pendant
plusieurs heures ; mais lorsqu'il voit la moitié de
sa troupe hors de combat, ses cartouches épuisées,
et l'impossibilité de se frayer un passage à travers
l'ennemi, il prête l'oreille aux propositions qui lui
sont faites. Il se rend prisonnier de guerre avec sa
troupe, à des conditions honorables : son cheval

et ses armes lui sont laissées ; chaque cuirassier conserve son équipement, son porte-manteau et le fourreau de son sabre.

Le colonel de Rochow avait entendu la fusillade sans faire un mouvement. Le général qui commandait marcha lui-même à l'ennemi à la tête de trois escadrons de cuirassiers ; il se vit attaqué au passage d'un pont par 3,000 cavaliers et ne se retira qu'avec de grands efforts et des pertes considérables. Cette circonstance fut heureuse pour Seydlitz, en montrant contre quelles forces supérieures il avait eu à se défendre. L'infanterie arriva à son secours lorsqu'il était déjà prisonnier. En apprenant ce glorieux combat, le Roi ordonna d'échanger le brave cornette contre un capitaine autrichien.

Seydlitz fut envoyé à Raab, en Hongrie ; sa captivité ne fut pas longue, et il fut échangé pendant la guerre. Cet événement, que notre héros avait si vivement ressenti parce qu'il semblait devoir briser son avenir, fut au contraire son premier pas vers la fortune. Le Roi le fit appeler dès qu'il eut rejoint le camp prussien ; il voulut entendre de sa bouche le récit de la défense du village et se fit montrer la capitulation honorable que Seydlitz avait conservée. Le jeune cornette réussit à se justifier complétement, et gagna si bien les bonnes grâces du Roi, que celui-ci lui offrit de le nommer, à son choix, lieutenant de cuirassiers ou capitaine de hussards. Seydlitz choisit les hussards, quoique cette arme, encore nouvelle et peu éprouvée, ne fut point estimée dans l'armée prussienne. Bien lui en prit, car le Roi avait déjà résolu de relever l'arme des hussards. Il reçut le commandement d'un escadron de hussards blancs, régiment de Natzmer.

Encouragé par la bienveillance du Roi, Seydlitz lui parla en faveur des cuirassiers, ses braves compagnons de gloire et de captivité, et il eut bientôt la satisfaction de les voir échangés et récompensés.

La première visite de Seydlitz fut pour son colonel. M. de Rochow, ne sachant pas qu'il eût vu le Roi, le reçut fort mal. Il lui reprocha sa capitulation, dont la honte retombait sur le régiment, et le menaça d'en rendre compte au Roi et de lui demander une punition exemplaire. Seydlitz répondit avec calme que le Roi savait tout et venait de lui témoigner qu'il était content de sa conduite en le nommant capitaine, mais que lui-même

avait voulu remercier son colonel d'avoir contribué à son avancement en lui confiant une mission
aussi dangereuse.

On raconte autrement la manière dont Seydlitz
fut nommé capitaine. En 1743, après une revue
passée à Berlin, Seydlitz se trouvait avec d'autres
officiers dans la suite du Roi. Ces messieurs lui
firent raconter les détails de sa capitulation, et
il s'excusait sur ce qu'il était à pied, disant tout
haut qu'un officier de cavalerie ne devait jamais
se rendre tant qu'il était à cheval. Le Roi entendit ce propos sans rien dire ; mais en arrivant sur le pont du château, il le traversa seul,
appela Seydlitz et fit lever le pont-levis. Il dit alors
à Seydlitz : « Eh bien ! vous êtes à cheval, et
pourtant vous êtes mon prisonnier. » Seydlitz,
sans hésiter, fit franchir à son cheval les parapets
du pont, et il eut le bonheur de gagner sain et
sauf la rive opposée de la Sprée. Là-dessus, le Roi
l'appela capitaine et lui donna un escadron de
hussards. — L'anecdote est jolie ; mais elle n'est
pas vraie.

Après la paix de Breslau, la Silésie devint province prussienne et les hussards blancs de Natzmer
firent partie des troupes destinées à garder cette

nouvelle conquête. Seydlitz fut envoyé avec son escadron dans la petite ville de Trebnitz, sur la rive droite de l'Oder, à une journée de Breslau. Il s'occupa avec assiduité à former ses hussards, à les discipliner et à les instruire. Camarade avec ses officiers, en dehors du service, il reprit avec eux ses exercices équestres d'autrefois, auxquels leur présence ajoutait un nouveau charme.

La paix ne fut pas de longue durée, et, en 1744, éclata la deuxième guerre de Silésie, dans laquelle Seydlitz eut souvent l'occasion de se mesurer avec les avant-postes et les troupes légères de l'ennemi. Plus d'un audacieux coup de main fit briller le coup d'œil et la valeur personnelle de notre héros, ainsi que l'adresse et le courage de ses hussards.

La cavalerie prussienne était loin d'avoir atteint le degré de perfection qu'avait acquis l'infanterie à l'école du vieux Dessau. Elle manquait d'impétuosité et de vitesse dans les mouvements. Le Roi, qui avait reconnu ces qualités chez Seydlitz, ne perdit point de vue le jeune officier dont les prouesses promettaient un si brillant avenir.

Ce fut à Landshut, en Silésie, le jour de la Pentecôte de l'année 1745, que Seydlitz eut la première occasion de faire briller son audace. Les Autrichiens se retiraient et leurs hussards étaient déjà près d'atteindre Reich-Hennersdorf; cependant le colonel Soldan, qui commandait la première ligne prussienne, ne faisait pas mine de vouloir inquiéter la retraite de l'ennemi. C'en était trop pour l'ardeur de Seydlitz et de ses amis Malachowsky et Warnery qui se trouvaient en deuxième ligne avec les hussards blancs. Ils traversent la première ligne et se lancent sur les Autrichiens. Déjà ils allaient charger 10 escadrons ennemis quand, par malheur, un des escadrons de Soldan se laisse entraîner à leur suite. — Aussitôt Soldan fait sonner la retraite. — Il fallut bien faire demi-tour et, de poursuivants devenus poursuivis, les hussards se replièrent en désordre. Dans ce mouvement, Seydlitz remarqua que l'escadron qui s'ouvrait dans l'attaque se resserrait dans la retraite et, l'année suivante, il provoqua un ordre du Roi pour faire disparaître ce défaut.

Peu de temps après, la cavalerie prussienne se couvrit de gloire à la bataille de Hohenfriedberg. Seydlitz eut à lutter contre les Saxons, alliés des Autrichiens, et prit de sa main le général de

Schlichting. Après cette victoire, il fut nommé major; il n'avait que 24 ans.

A la bataille de Sorr, le 30 septembre 1745, Seydlitz reçut une balle au bras, en chargeant avec sa bravoure accoutumée. Cette blessure ne l'empêcha pas de prendre part aux opérations de l'hiver suivant. Les pluies avaient défoncé les chemins et l'arrière-garde autrichienne, ne craignant aucune attaque, se retirait lentement sur Zittau, quand tout à coup Seydlitz, suivi de son inséparable Warnery, fondit sur elle, la dispersa et la détruisit en partie.

La bataille de Kesselsdorf amena la paix de Dresde qui mit fin à la guerre de Silésie. Seydlitz retourna alors à Trebnitz.

Dans cette campagne où il fit ses premières armes d'une manière si brillante, Seydlitz se fit aussi remarquer par son humanité. Le colonel de Schutz qui commandait les hussards blancs, tout en méritant l'estime du Roi par sa bravoure exceptionnelle, s'était acquis une réputation détestable de cruauté. Il forçait les paysans à lui servir de guides et les faisait ensuite massacrer sans pitié dans la crainte qu'ils ne trahissent sa marche. Il incendiait sans raison les fermes et les villages.

— Irrité de ces cruautés inutiles et ne voulant pas cependant se priver des services d'un excellent officier, le Roi lui adjoignit Seydlitz dont il connaissait le cœur généreux, dans le but de modérer, autant que possible, la soif du sang du colonel de Schutz. Réprimer les écarts de son chef était, pour l'inférieur, une tâche difficile ; Seydlitz la remplit pourtant, et la considération que lui avaient acquise ses exploits lui servit plus, dans cette occasion, que le caractère dont l'avait revêtu l'autorité royale. Aucun autre officier que Seydlitz, faisant, au nom du Roi, des observations au colonel de Schutz, n'en eut été aussi bien écouté. — Les incendies cessèrent ; les guides enlevés de force furent épargnés et renvoyés chez eux.

Schutz fut du reste victime de représailles qu'il avait bien méritées. Dans une seconde campagne, il tomba au milieu d'un parti de hussards ennemis qui le reconnurent et le massacrèrent impitoyablement.

III

LA GARNISON DE TREBNITZ

A Trebnitz, Seydlitz eut l'occasion de montrer
sa supériorité dans une guerre avec un ennemi
moins sérieux que les Autrichiens.

Près de la ville se trouvait un couvent de l'ordre de Citeaux dont l'abbesse, ainsi que tout le
clergé catholique et la plupart des anciens fonc-
tionnaires, détestait la domination prussienne.
Peut-être aussi avait-elle à se plaindre de l'esprit
aventureux des officiers de hussards et craignait-
elle le voisinage de ces hérétiques. Toujours est-
il que la sainte femme ne manquait jamais l'occasion de leur témoigner sa mauvaise humeur.
Entre autres choses, le fourrage, que le couvent
était obligé de fournir aux hussards, laissait beaucoup à désirer. Des plaintes furent adressées au
Landrath (conseiller de la province), mais celui-ci

n'y fit pas attention et Seydlitz résolut de se faire justice lui-même.

Chaque jour, l'abbesse, en compagnie de quelques nonnes, se promenait en voiture dans les propriétés du couvent. Cette voiture était un lourd et majestueux carrosse que traînaient d'un pas nonchalant quatre chevaux gras et polis. Un jour, l'équipage venait de s'engager dans un chemin creux où il était impossible de tourner, quand tout à coup une voiture légère, attelée de quatre étalons furieux et d'une maigreur fort peu monacale, vint avec la rapidité de l'éclair à la rencontre des saintes femmes. — C'était Seydlitz. — Le cocher du couvent arrête aussitôt ses chevaux. Celui du major, sans doute possédé du démon, fouette les siens de plus belle et vient au grand galop se jeter sur l'équipage de l'abbesse.

Les huit chevaux se mêlent dans un désordre affreux. Les domestiques du couvent n'osent pas bouger et les nonnes tremblent d'effroi. Seydlitz saute à bas de sa voiture, et, pendant que ses gens, habitués à de tels accidents, se jettent au milieu des chevaux, il tend la main aux religieuses à moitié évanouies, et reçoit d'un air humble les remerciments qu'elles prodiguent à

leur sauveur. — Il leur exprime tous ses regrets
de cet accident et promet d'infliger à son cocher
une punition sévère. L'abbesse, tout heureuse de
sa délivrance, cherche alors à l'apaiser et inter-
cède en faveur du cocher. Seydlitz semble enfin
se rendre et lui dit en souriant qu'il pense, en
effet, que son cocher n'est pas tant la cause de
cet événement que la jalousie de ses chevaux. Ils
se sont jetés sur ceux de l'abbesse parce qu'ils
avaient sans doute appris que ceux-ci mangeaient
le meilleur foin du couvent et ne leur laissaient
que le mauvais. Seydlitz obtint ce qu'il désirait :
les fourrages devinrent excellents, et la bonne
intelligence ne fut plus troublée entre les deux
partis.

Cette aventure avait son côté chevaleresque et
galant; la leçon donnée au Landrath fut plus
énergique et toute militaire.

Les officiers cherchaient depuis longtemps à
découvrir qui pouvait si bien instruire le général
de Natzmer de tout ce qui se passait dans l'escua-
dron. Les choses insignifiantes étaient racontées
au général sous les couleurs les plus noires, et
des plaintes sans fondement lui étaient même
adressées. L'existence d'un dénonciateur ne pou-

vait être mise en doute, car le moindre événement était suivi d'une mercuriale du général. Il reprochait, à chaque inspection, de surmener les chevaux et répondait à toutes les plaintes sur la qualité ou l'insuffisance des fourrages qu'on pourrait encore diminuer la ration, si les chevaux étaient ménagés. Il était clair que le général, un peu méticuleux du reste, et naturellement disposé à blâmer ses inférieurs, y était encore excité par un tiers. C'était vraiment intolérable! Seydlitz apprit par hasard que le dénonciateur n'était autre que le Landrath, lequel avait su se faire bien voir du général, afin que ses rapports en fussent mieux accueillis. — Le rapporteur méritait une punition, que Seydlitz se chargea de lui infliger.

Le Landrath consacrait à ses affaires en ville certains jours de la semaine, et retournait le soir à cheval à sa propriété, par un chemin de traverse qui diminuait beaucoup la distance, mais qui suivait un terrain fort accidenté.

Un jour de brouillard, Seydlitz, sachant le Landrath en ville, fit sortir l'escadron pour une manœuvre, et le divisa en deux partis ennemis qu'il plaça de chaque côté du chemin dont il vient d'être parlé. Le Landrath arrive bientôt, et, malgré le brouillard, il s'engage sans défiance dans le chemin qu'il connaissait parfaitement et où rien ne lui était jamais arrivé.

Il n'avait pas fait vingt pas, qu'une vedette l'arrête. Il se nomme, et malgré cela, se voit conduire au premier poste de sous-officier du parti qui occupe la droite du chemin. Là, on s'excuse beaucoup sur la nécessité où l'on s'est trouvé d'obéir à la consigne, et le Landrath est reconduit poliment au chemin. Il reprend sa route, quand un autre « Halte là! » retentit, mais cette fois sur sa gauche. — « Qu'est-ce encore? je « viens de me faire reconnaître de ce côté; je « suis le Landrath. » — « De ce côté! C'est donc « un espion du parti ennemi! » — Le Landrath est conduit rapidement au prochain poste, d'où on le ramène au chemin avec les mêmes excuses et aussi poliment que tout à l'heure. Une troisième fois, puis une autre, il est arrêté et conduit au poste, puis ramené avec le même cérémonial, toujours flanqué de deux hussards, qui l'entraînent par monts et par vaux, en franchissant les haies et les fossés.

Ainsi lancé comme une balle d'un parti à l'autre, le malheureux Landrath arrive enfin, à moitié mort de fatigue, au quartier général du major, auquel il exhale, en plaintes amères, sa colère d'une telle conduite. Après quelques mots d'excuse, Seydlitz prend un air sévère et lui dit que les hussards n'ont agi que d'après les règles de la guerre. « Personne ne peut savoir, ajoute-t-il « avec force, sous quel déguisement se cache un « espion. Cette promenade attardée, dans un che- « min peu fréquenté, est bien faite pour inspirer « des soupçons ; car celui qui n'aime point à agir « dans l'ombre n'aurait eu garde de quitter la « grande route par un temps aussi obscur. » Le sens de ces paroles ne pouvait échapper au Landrath. Il dévora l'affront en silence ; mais les dénonciations cessèrent, et il crut prudent de se taire sur le mauvais tour qui venait de lui être joué.

Ces anecdotes montrent le caractère de Seydlitz. Excellent soldat, il eut fait un très-mauvais diplomate. Homme d'action plutôt que de parole, il préférait, même dans les petites luttes de la vie privée, réduire son adversaire par un échec adroit que de le convaincre par le raisonnement. Il joignait à un goût prononcé pour les aventures hasardeuses un grand empire sur lui-même, et gouvernait, pour ainsi dire, son imagination comme son cheval, en l'arrêtant brusquement au milieu de la course la plus folle.

Parvenu si jeune au grade de major, il était permis à Seydlitz de se croire un homme remarquable. L'opinion de ses camarades, près desquels il était en haute estime, l'y autorisait. Le Roi lui-même était de l'avis général, comme le prouva la rapidité extraordinaire de son avancement. Frédéric lui prodigua les éloges en mainte circonstance, et lui donna en 1746, ainsi qu'à son ami, le major Warnery, un riche sabre d'honneur. Ces témoignages flatteurs étaient, pour le jeune héros, un encouragement à faire tous ses efforts pour se montrer digne de la position déjà obtenue, et en atteindre une plus élevée. Ainsi furent nourris ces nobles sentiments de dignité et d'indépendance, qui étaient empreints d'une manière irrécusable dans ses allures et sa manière d'être. Son air, habituellement sérieux, avait tout d'abord quelque chose d'étrange et de peu prévenant, parce qu'il ne s'accordait point avec la jeunesse de Seydlitz. Le sérieux de l'homme fait s'alliait, chez lui, à l'étourderie de la jeunesse, et leur ensemble donnait à sa physionomie l'attrait d'une douceur pleine de dignité.

Ces deux côtés du caractère de Seydlitz ressortaient davantage, selon la société dans laquelle il se trouvait. Il était réservé et taciturne, froid et inaccessible, dans les réunions où régnaient la raideur et l'étiquette au lieu du laisser-aller et du sentiment; dans la haute société et, plus tard, à la cour, il y parlait rarement sans être interrogé, et répondait alors laconiquement et avec modestie. Une telle manière d'être l'empêcha de devenir favori du Roi, comme Winterfeld et tant d'autres. Seydlitz resta le plus possible étranger à ce qui ne touchait point à la guerre et au métier des armes. Soldat il était, soldat il voulait être, et rien que soldat.

Seydlitz sut toujours obtenir de ses subordonnés un grand respect et une obéissance ponctuelle. Il tenait strictement à l'exécution de ses ordres, sans jamais ennuyer ses inférieurs par de mesquines réprimandes ou des observations piquantes. Tout autre était-il, hors du service, avec les officiers et les soldats. Le chef disparaissait, et il ne restait plus pour les soldats qu'un protecteur amical et jaloux de leurs amusements, et pour les officiers un camarade toujours prêt à prendre sa part de leurs joyeux repas et de leurs folies originales.

Seydlitz aimait surtout à se trouver au milieu de ses officiers, parmi lesquels ses favoris étaient les lieutenants de Lossow et Zetmar, et le cornette Hohenstock. Le sérieux disparaissait de ces réunions pour faire place à une conversation enjouée. où chacun plaçait son mot sans contrainte et défendait son opinion. On y traitait le plus souvent les questions militaires; on parlait du service, des événements de la guerre, de la chasse et de folles aventures. — Seydlitz ne permettait aucune plaisanterie sur la religion; car, au milieu du désordre de sa jeunesse, il n'avait jamais perdu le respect des choses saintes. — Ces réunions avaient lieu chez lui, tous les soirs. On y fumait beaucoup, on y buvait un peu, et l'on n'y jouait jamais.

Seydlitz recherchait volontiers la société des femmes, si l'on n'y était pas trop cérémonieux. Il devenait alors communicatif et quelquefois très-gai. De tous les plaisirs, il préférait la chasse, à laquelle il se livrait avec passion. Peu adonné à la bonne chère. il buvait et mangeait modérément;

mais il tenait à ce que la table fût abondamment servie et couverte d'excellents vins. Chaque convive demandait le vin qu'il préférait, et l'on indisposait Seydlitz en refusant, par discrétion, de le dire.

Sur ce point, comme sur beaucoup d'autres, le général de Natzmer différait fort de Seydlitz, et chaque fois que l'inspection du régiment amenait le général à la table du major, il lui donnait à entendre qu'il méprisait le luxe et ne buvait que du vin ordinaire de France. C'était une leçon que Seydlitz acceptait comme un défi. On servait au général son vin de France, et l'on débouchait, pour Seydlitz et ses convives, les flacons les plus précieux.

Sa maison était tenue d'une manière élégante et avec simplicité.

Ennemi de l'étiquette, Seydlitz ne l'était pas moins du cynisme. Une prédilection marquée pour les dehors avantageux, chez les hommes et les choses, était un trait de son caractère.

Seydlitz fut toujours fidèle en amitié, comme il le prouva avec les trois officiers de son escadron, que nous avons nommés. En quittant le régiment, il leur promit de les aider de tout son pouvoir, et il tint parole. Hohenstock, bien que de naissance bourgeoise, était déjà major après la guerre de Sept-Ans. Lorsque, plus tard, il passa colonel, Seydlitz fut des premiers à le féliciter et lui dit : « J'ai cherché à remplir ma promesse du mieux « que j'ai pu : Lossow a fait son chemin, Zetmar « est mort en route, et pour vous votre char est « attelé. » — Zetmar fut tué à la bataille de Torgau, à la tête du régiment de hussards de Zieten. Lossow et Hohenstock survécurent à Seydlitz. Le premier devint lieutenant général, et l'autre général-major.

Pendant son séjour à Trebnitz, la principale occupation de Seydlitz était le service militaire dont les plaisirs ne purent jamais le détourner. Il poursuivait avec un zèle infatigable ce qu'il avait commencé dans les intervalles de repos de la dernière guerre : l'organisation de son escadron.

Dans le service, Seydlitz est toujours sérieux et sévère. Il s'occupe de tout, de la tenue, du harnachement, des fourrages. Les exercices d'équitation, qu'il faisait autrefois par plaisir, il les exige de chacun de ses hussards.

Monter à cheval sans étriers, se tourner sur la selle au grand galop, à droite, à gauche, en arrière, garder sa position dans les mouvements les plus violents, monter les chevaux les plus difficiles et soumettre les plus rebelles, tel doit être le savoir du hussard. Pour lui, aucun fossé n'est trop large, aucune barrière trop haute. Les montagnes et les précipices n'existent plus. Il se lance à travers d'épais fourrés, il passe à la nage des rivières impétueuses, il ne connaît point l'hésitation et ne se laisse décourager par aucun échec, par aucun accident. Celui qui ne fait pas tout cela, ne mérite point le nom de cavalier.

Après l'équitation, vient l'exercice du sabre et du fusil. On doit manier le sabre avec adresse et la rapidité de l'éclair, charger le fusil au grand galop et tirer avec justesse. — Dans chacun de ces exercices, Seydlitz se montrait passé maître et n'avait besoin que de diriger l'esprit d'imitation de ses hommes. Rarement ou jamais de coups de canne, tant le zèle infatigable du maître s'emparait vite des élèves. Leur récompense était d'approcher le plus près possible du modèle et d'obtenir son approbation.

Le succès ne pouvait manquer et, pendant que le Roi n'était pas satisfait des progrès de la cavalerie, il trouvait tout parfait chez les hussards de

Seydlitz. L'escadron de Trebnitz n'était pas seulement donné pour modèle à son régiment, mais
encore à toute la cavalerie prussienne. Le général
de Natzmer pouvait bien encore censurer çà et là
et parler de danger et d'accidents; Seydlitz, qui
savait le Roi pour lui, ne se laissait point décon-
certer.

Le Roi nomma Seydlitz lieutenant-colonel au
printemps de 1752 et, quelques semaines après,
il le mit à la tête du régiment de dragons, Prince
Frédéric de Wurtemberg, en garnison à Treptow
(Poméranie). Plusieurs irrégularités avaient frappé
le Roi dans ce régiment et il avait jeté les yeux
sur Seydlitz pour les faire disparaître. Ce dernier
y réussit en quelques mois et le Roi lui donna alors
le commandement du régiment de cuirassiers de
Rochow qui se trouvait à Ohlau, en Silésie.

C'était l'arme dans laquelle avait débuté Seydlitz
et, même quand il fut général, il en porta toujours l'uniforme, la cuirasse et le sabre droit.
Il n'avait cependant aucune préférence marquée
pour telle ou telle arme. Il reconnaissait les avantages de chacune, mais il exigeait également de
toutes la vitesse et l'impétuosité de la charge.
Seydlitz voulait que chaque arme de cavalerie fût

excercée à toutes les manières de combattre. Il avait appris à ses hussards à charger en masse ; il exerça, dans la suite, ses lourds cuirassiers à la guerre de fourrageurs. Lui-même, comme officier de cuirassiers, de dragons et de hussards, avait appris les exercices de chaque arme. Il savait, par dessus tout, tirer le meilleur parti possible de sa troupe, et c'est cette qualité qui en fit plus tard un si grand général de cavalerie.

C'était à dessein que le Roi faisait ainsi changer d'arme les officiers d'avenir, dans la cavalerie, mais pour aucun il ne le fit d'une manière aussi frappante que pour Seydlitz.

Seydlitz fut nommé en 1755, colonel du régiment de Rochow, et c'est là que nous le retrouvons quand éclata la guerre de Sept-Ans dans laquelle il devait jouer un si grand rôle.

IV

LOWOSITZ

Marie-Thérèse, dans le but de reconquérir la Silésie, avait réorganisé les armées de l'Autriche, et des traités secrets lui assuraient l'alliance de la France, de la Russie et de la Saxe. Frédéric, instruit de ces plans, prit les devants en envahissant la Saxe, au mois d'août 1756. Le régiment de Seydlitz faisait partie du corps d'armée que le duc Ferdinand de Brunswick conduisait devant Pirna. L'armée saxonne s'étant renfermée dans le camp retranché de Pirna, Frédéric laissa un corps d'observation suffisant pour la bloquer, et il marcha en Bohème à la rencontre des Autrichiens. Toute la cavalerie était sous les ordres du feld-maréchal comte de Gesler.

Les deux armées se rencontrèrent à Lowositz, le 1" octobre 1756. Le Roi croyait à un mouve-

ment de retraite du général Brown, et il lança en
avant 15 escadrons de dragons contre la cavalerie
ennemie. Les dragons prussiens attaquèrent 25 escadrons autrichiens et les rompirent ; mais, en les
poursuivant, ils furent pris de flanc par le feu de
l'artillerie et de l'infanterie et forcés de se replier.
— La cavalerie ennemie reprit possession du terrain qu'elle avait perdu.

Cependant toute la cavalerie prussienne, 71 escadrons dont faisaient partie ceux de Seydlitz, força
la cavalerie ennemie à céder au nombre et à se
retirer en désordre. Un fossé profond derrière
lequel était rangée l'infanterie autrichienne arrêta
la poursuite des Prussiens qui furent accueillis par
un feu meurtrier. Menacée en outre sur son flanc
droit par deux régiments frais de cuirassiers autrichiens, la cavalerie prussienne se retira sans être
poursuivie et vint se reformer devant l'infanterie
de l'aile gauche.

Le brouillard, qui régnait depuis le commencement de la journée, tomba en ce moment et permit
un combat d'artillerie où les Prussiens eurent
l'avantage. La cavalerie, impatiente de recommencer
l'attaque, n'écouta pas les ordres que lui apportait
un aide de camp du Roi et s'élança en avant avec

impétuosité. Elle culbuta la cavalerie ennemie et la poursuivit pendant 800 pas; mais, accueillie de nouveau, de front et de flanc, par un feu meurtrier, elle se retira et vint se reformer derrière l'infanterie. Ses pertes étaient considérables, et parmi les morts se trouvaient les généraux de Luderitz et d'Oertzen.

Le Roi fit alors avancer son infanterie et s'empara de Lowositz, après un combat acharné, ce qui décida la victoire. Les Autrichiens firent leur retraite en bon ordre, les difficultés du terrain ne permettant point à la cavalerie de les poursuivre. L'honneur de la journée revenait à l'infanterie, mais la cavalerie prouva combien son choc est irrésistible. Elle pécha par trop d'élan et d'impétuosité, défauts qui ne parurent point déplaire au Roi.

Débarrassé des Autrichiens par la victoire de Lowositz, Frédéric laissa un corps d'observation en Bohème et marcha rapidement sur la Saxe où il fit prisonnier les 17.000 hommes de l'armée saxonne, qui n'avait pu sortir de son camp de Pirna. Les Prussiens prirent leurs quartiers d'hiver en Saxe et en Silésie. Seydlitz établit son régiment à Dresde. Sans dédaigner les plaisirs nombreux

qu'offre cette charmante ville, il profita du repos
pour remettre ses cuirassiers et exercer son régiment, ce que rendait plus nécessaire encore l'aug-
mentation de 24 chevaux par escadron.

Dès le mois d'avril 1757, les Prussiens rentrèrent en Bohême et marchèrent sur Prague. Seydlitz
faisait partie du corps d'armée que commandait le
Prince Maurice d'Anhalt-Dessau. Le général Zieten
commandait l'avant-garde de ce corps, et Seydlitz
avait obtenu du Roi, comme une faveur insigne,
que son régiment fût placé sous les ordres de
Zieten. Dans plus d'une affaire d'avant-garde, il
eut l'occasion de se montrer digne du chef qu'il
admirait; souvent même le Roi fut témoin de leurs
brillants faits d'armes.

Seydlitz ne put assister à la mémorable bataille
de Prague qui se livra sur la rive droite de la
Moldau, parce qu'il avait reçu l'ordre de rester sur
la rive gauche avec le prince d'Anhalt, pendant
que Zieten accompagnait le Roi sur la rive droite.
Le jour de la bataille, les instructions du prince
Maurice lui prescrivaient de passer la Moldau à
Klein-Kuchel, au-dessus de Prague, et de prendre
l'ennemi à dos. Malheureusement, le prince n'avait
pas un équipage de pont suffisant pour traverser

la rivière, et ses soldats dûrent rester spectateurs oisifs de la bataille.

Seydlitz, dévoré d'impatience, voulait passer la rivière à Brauick avec sa cavalerie, mais on lui fit observer que la force du courant et le fond de sables mouvants rendaient la chose impossible. Il voulu voir par lui-même et se jeta à l'eau. A peine eut-il fait quelques pas que son cheval enfonça dans le sable jusqu'au poitrail. Il ne pouvait ni marcher, ni nager. Le sable gagnait toujours et Seydlitz eût sans doute payé de sa vie sa témérité, si les siens n'eussent réussi à l'enlever de selle et à le rapporter au rivage.

Les Autrichiens battus se renfermèrent dans Prague que le Roi se disposa à assiéger. De son côté, le feld-maréchal comte Daun réunissait à son armée le corps autrichien qui n'était pas resté à Prague, et se disposait à marcher sur cette ville pour en faire lever le siége. Zieten, avec 40 escadrons, reçut l'ordre de l'observer et fut placé ensuite avec d'autres troupes sous les ordres du duc de Brunswick-Bevern. Bientôt, les mouvements de Daun devenant plus menaçants, le Roi lui-même se mit à la tête des troupes et marcha à sa rencontre.

BATAILLE DE KOLIN
18 Juin, 1757.
Echelle d'un demi Mile d'Allem.
Prussiens:
Autrichiens:

V

KOLLIN

Après s'être réuni à Bevern, dans les environs
de Kollin, le Roi avait une armée de 34,000 hommes à opposer aux 54,000 de Daun. Malgré tous
les renseignements, Frédéric se refusait à croire
que les forces de l'ennemi fussent aussi supérieures aux siennes, ce qui donna lieu à des
scènes fort vives entre lui et ses généraux.

Le 18 juin, à dix heures du matin, l'armée
prussienne b[1] se déployait entre Planian et Kollin,
le long de la grande route et près de l'auberge
du Soleil-d'Or. Le Roi monta avec ses généraux
à l'étage supérieur de l'auberge et reconnut la
force et la position de l'ennemi. Cette position
faisait le plus grand honneur à Daun, car elle
était formidable. La ligne ennemie c s'étendait

[1] Voir le plan de la bataille de Kollin.

sur les hauteurs, en arrière de Chotzewitz, et
une nombreuse artillerie battait la plaine située
en avant de cette ligne. Après une courte hésitation, le Roi se décida à livrer bataille. Il avait
reconnu que la droite était le point faible de la
position ennemie, et, au bout d'une heure, son
plan d'attaque était fait, et il le développait à ses
aides de camp.

Le général d'Hulsen *g*, avec 7 bataillons, la cavalerie et du canon, devait marcher contre la droite
ennemie *h* et attaquer le village de Krzeczhorz.
Toute l'armée devait soutenir cette attaque, en
appuyant à gauche. L'aile droite, restant ainsi
moins rapprochée de l'ennemie, avait moins besoin
d'être couverte et donna toute sa cavalerie à l'aile
gauche où se trouvèrent ainsi 100 escadrons,
parmi lesquels ceux de Seydlitz.

Il était plus de midi quand fut donné le signal
de l'attaque. Hulsen marcha sur Krzeczhorz. Zieten *d*, avec 50 escadrons, attaqua la cavalerie de
Nadasdy *e*, qui couvrait le flanc droit de l'ennemi.
Le Roi donna à Seydlitz 15 escadrons pour former
la réserve de Zieten.

Beaucoup de sang coula dans l'attaque du village, car Daun, reconnaissant le danger, avait

renforcé l'aile menacée et fait occuper fortement
un bois de chênes situé à l'extrême droite, en
arrière de sa cavalerie. Déjà Zieten avait repoussé la cavalerie de Nadasdy jusque derrière
ce bois *f;* mais celle-ci fit un retour offensif, et
Seydlitz, qui venait de recevoir 10 nouveaux escadrons, se porta au secours de Zieten. Nadasdy fut
encore repoussé ; mais la difficulté du terrain et
le feu du bois qui prenait en flanc et en arrière la
cavalerie prussienne, empêchèrent celle-ci de
poursuivre ses avantages.

Hulsen s'était emparé du village et d'une batterie ennemie *i.* Aller plus loin était impossible, car
il avait perdu beaucoup de monde, et, devant lui,
se trouvaient des troupes fraîches que Daun avait
fait avancer en toute hâte. Il se contenta donc de
se maintenir dans les positions qu'il avait enlevées, en attendant le secours du gros de l'armée,
qu'il croyait être derrière lui. Malheureusement
le Roi lui-même avait arrêté trop tôt les têtes de
colonne dans leur mouvement de flanc sur la gauche. Ce retard avait permis à Daun de porter ses
forces à l'aile droite, et l'armée prussienne avait
maintenant devant elle, au lieu du point faible,
la position la plus forte de l'ennemi. Malgré cela,

le Roi donna à l'infanterie l'ordre d'attaquer. Toutes les représentations du prince Maurice furent inutiles. Le Roi, furieux, marchant sur lui l'épée haute, l'avait obligé à se taire en lui demandant s'il voulait obéir ou non.

Le prince Maurice marcha en avant, et les batteries ennemies firent dans ses rangs de cruels ravages. Il parvint cependant, avec 9 bataillons, à donner la main à Hulsen et à enlever une grosse batterie ennemie près de Krzeczhorz *n*. Une partie de l'infanterie autrichienne fut mise en désordre, et les grenadiers de Hulsen s'emparèrent du bois *k*, qu'ils occupèrent. — Une charge de cavalerie, et les Prussiens avaient vaincu à Kollin. Daun songeait déjà à la retraite, et en envoya l'ordre sur un billet écrit au crayon. — La charge de cavalerie n'eut pas lieu ; Daun reprit confiance, et les choses changèrent tristement de face.

Hulsen n'avait pu faire occuper assez fortement le bois *k* ; trois bataillons autrichiens en chassèrent les 200 grenadiers prussiens qui s'y trouvaient, et leur feu vint prendre en flanc les cavaliers de Zieten, qui repoussaient encore une fois ceux de Nadasdy. La position de Hulsen devenait de plus en plus dangereuse. Il n'avait plus de réserve d'infanterie, et, sur l'ordre du Roi, les 15 escadrons de Seydlitz vinrent se placer derrière lui pour le soutenir.

Au centre, le général de Manstein *l*, trompé par un aide de camp, s'engage avec l'ennemi malgré l'ordre du Roi qui lui prescrivait d'attendre. Ses grenadiers repoussent d'abord tout ce qui est devant eux, mais la mitraille les force à s'arrêter en avant de Chotzewitz *m*. Le vieux général Pennavaire se porte alors avec sa cavalerie au secours de l'aile gauche; le feu du bois de Chènes le force également à reculer.

Dans ce moment, Seydlitz, à la tête de 10 escadrons de cuirassiers et de dragons, passe devant l'infanterie. Il se glisse entre le bois et la droite ennemie et tombe comme la foudre sur le gros de l'infanterie autrichienne. Un premier régiment est mis en pièces, puis deux autres qui veulent résister à l'impétuosité de la charge, et Seydlitz est déjà sur la deuxième ligne autrichienne. Il écrase un quatrième régiment et s'empare de son drapeau. Mais ce brillant succès ne peut triompher des forces trop supérieures de l'ennemi. La chaleur de l'action et la mêlée ont mis le désordre dans les escadrons; les chevaux sont essoufflés et Seydlitz se retire derrière Krzeczhorz.

De nouveaux escadrons, sous les ordres de Pennavaire, du prince Maurice et du Roi lui-même, ne réussissent pas davantage. En se ralliant, ils mettent même en désordre un régiment d'infanterie prussienne.

Daun ordonne alors une attaque générale et le centre des Prussiens est culbuté. L'aile droite tient plus longtemps. Les soldats se battent en héros et se sacrifient pour arrêter l'ennemi et sauver l'armée d'une destruction complète. Le premier bataillon de la garde perd 24 officiers et 475 hommes.

Pendant la retraite, Seydlitz, resté à l'arrière-garde, contribua puissamment à ralentir la poursuite des Autrichiens. Les débris de l'armée prussienne se rallièrent à Planian. De 18,000 hommes, l'infanterie était réduite à 6,000 ; la cavalerie n'avait perdu que 1,500 hommes, mais Zieten était parmi les blessés. 45 canons et 22 drapeaux restaient aux mains des Autrichiens.

L'effet de ce premier revers fut d'autant plus grand sur l'armée prussienne qu'elle se croyait sûre de la victoire. On en fut comme anéanti, et le Roi lui-même, très-accablé. Dans une semblable disposition d'esprit, il était peu disposé à la louange ; cependant il ne put refuser à Seydlitz de justes éloges pour ses attaques réitérées contre une infanterie encore intacte et, deux jours après la bataille, il le nomma général-major. Seydlitz n'avait que 36 ans, mais il ne se trouvait pas trop jeune. En effet, lorsque Zieten, qui avait contribué de tout son pouvoir à lui faire accorder cette récompense, vint l'en féliciter, Seydlitz lui répondit en riant : « Si l'on voulait « faire quelque chose de moi, Excellence, il « était temps de s'y prendre, car j'ai déjà « 36 ans. »

Après une défaite comme celle de Kollin, la retraite était difficile et une grande partie des vaincus succomba aux fatigues et aux privations ou resta entre les mains de l'ennemi. L'armée, dont Frédéric avait laissé le commandement à son frère, le prince Auguste-Guillaume, se rassemblait pour évacuer la Bohème en se dirigeant sur la Lusace. Le général comte de Schmettau prit les devants avec sa division et la brigade de Seydlitz. La difficulté des chemins rendait la marche fort lente, ce qui avait permis à l'ennemi d'occuper fortement l'Eckartsberg, près de Zittau. 40 escadrons autrichiens se montrèrent aux 10 de Seydlitz quand ceux-ci essayèrent de déboucher dans la plaine. Accepter le combat dans de telles conditions eût été plus que de la témérité et les Prussiens se renfermèrent dans Zittau.

Ils n'avaient gagné qu'un répit. L'ennemi occupait les hauteurs, cernait Zittau et séparait ainsi les troupes de Schmettau du gros de l'armée prussienne, restée en arrière. La cavalerie étant inutile dans une place assiégée, Seydlitz résolut de se faire jour et de rejoindre l'armée du prince Auguste-Guillaume.

Cent hussards furent désignés pour rester avec Schmettau et aider les autres à s'échapper. On fit occuper le faubourg de Zittau, du côté de l'ennemi, par de l'infanterie; puis les 100 hussards, avec les chevaux de bât des officiers et les attelages de l'artillerie, furent envoyés dans les champs voisins de la place et commencèrent immédiatement à faire du fourrage.

Dès que les hussards parurent, les avant-postes ennemis prirent l'alarme et 1.200 cavaliers montèrent à cheval. Croyant qu'il ne s'agissait que d'un fourrage, l'ennemi se rassura bientôt; il ren-

tra au camp et les cavaliers mirent pied à terre.
Cette fausse alerte les avait tellement ennuyés,
qu'en voyant Seydlitz sortir ensuite avec sa cavalerie et former une chaîne en avant des fourrageurs, ils crurent qu'il ne voulait que protéger
l'opération, et les avant-postes ne montèrent
même pas à cheval.

Seydlitz ne pouvait rien souhaiter de mieux.
A peine les derniers chevaux chargés de fourrages
sont-ils rentrés dans la ville, que la trompette
retentit. La chaîne de cavaliers se rallie rapidement, et, au lieu de rentrer en ville, elle se précipite comme un ouragan sur l'ennemi, qui est
surpris avant d'avoir pu monter à cheval. Seydlitz
en eût eu bon marché, mais ce n'était pas son
but, et, après avoir heureusement traversé la ligne
ennemie, il forma la colonne de route et partit au
grand trot. Il disparut bientôt aux yeux de l'ennemi étonné et rejoignit le prince Auguste avec
tout son monde.

Cependant Frédéric se préparait à reprendre
l'offensive. Kollin avait réveillé tous les ennemis
de la Prusse. Français, Impériaux, Russes et Suédois marchaient contre elle. Ne pouvant décider
Daun à quitter sa position inexpugnable de l'Ec-

kartsberg, le Roi tourna ses armes contre les Français et les Impériaux.

Déjà les hussards français du général de Turpin avaient fait une pointe jusqu'à Halle. Seydlitz, à la tête de 10 escadrons de hussards, marcha sur Leipzig pour les combattre. Il espérait les surprendre à Marsebourg ; mais il ne trouva plus leurs traces en arrivant dans cette ville, et il rejoignit à Grimma l'armée royale, dont il forma l'avant-garde.

Le 7 septembre seulement, Seydlitz rencontra l'ennemi dans la petite ville de Pégau. Celui-ci s'y était retranché ; il avait barricadé les portes et placé des tireurs derrière les murailles. Seydlitz n'a pas d'infanterie, mais ses hussards savent tout faire et lui en tiendront lieu. Cent hommes mettent pied à terre et se glissent jusqu'à l'une des portes. Elle vole en éclats et les escadrons prussiens se lancent au grand galop sur le pont de pierre de l'Elster. Ils traversent la ville et chassent devant eux, jusqu'à Zeitz, deux régiments de hussards autrichiens auxquels ils font 350 prisonniers.

Les jours suivants, un parti autrichien se montra au pont de la Saale, à Schulpforta, et fut repoussé avec de grandes pertes.

Le roi de Prusse se trouvait dans une position des plus critiques. Il venait d'apprendre la capitulation de Closter-Seven qui le privait du concours de l'armée hanovrienne et le menaçait d'avoir sur les bras celle du duc de Richelieu. 56,000 hommes étaient restés en Lusace pour contenir Daun, et le Roi n'en avait avec lui que 15,000. Le prince de Soubise avait des forces triples; mais il croyait l'armée du Roi plus nombreuse, et Frédéric ne négligeait aucun moyen de l'entretenir dans son erreur.

Après avoir fait évacuer au général français Erfurth, puis Gotha, et l'avoir poussé jusqu'à Eisenach, sans le décider à accepter la bataille, le Roi, ne pouvant aller plus loin à cause de sa faiblesse, retourna à Erfuth et laissa Seydlitz à Gotha avec 20 escadrons.

Celui-ci partagea sa troupe dans Gotha et autour de la ville et inquiéta sans relâche les Français, afin de leur faire croire à la présence du Roi. Le prince de Soubise désirait vivement se débarrasser de cet ennemi importun, et, le prince d'Hildburghausen, qui commandait les Impériaux et qui avait de meilleurs espions, l'ayant éclairé sur les véritables forces de l'ennemi, il résolut d'attaquer Seydlitz.

Le 19 septembre au matin, les deux princes marchèrent contre Gotha, avec 6,000 fantassins, 4,000 chevaux et 4 pièces de canon. Seydlitz, cédant devant le nombre, se retira lentement derrière Gotha, jusqu'aux hauteurs de Sebeleben. Là, il se forma en bataille, les hussards de Szekely en première ligne et les dragons de Meineke en deuxième, pendant que, plus en arrière, les dragons de Katte se déployaient sur un seul rang. En cas de retraite, ces derniers devaient laisser passer les deux premières lignes, puis se reformer rapidement et couvrir la retraite. De loin, la cavalerie, ainsi disposée, pouvait être prise pour un corps plus considérable, et l'ennemi y fut trompé. Pour le tromper davantage, Seydlitz envoya à Gotha un dragon soi-disant déserteur avec mission d'annoncer l'arrivée du Roi. Les généraux alliés, mal informés comme toujours de ce qui se passait chez les Prussiens, crurent avoir devant eux toute l'armée royale qu'ils estimaient à 30,000 hommes et s'arrêtèrent indécis.

Cela ne suffisait point à Seydlitz. Il fit mettre pied à terre à quelques escadrons qu'il plaça dans les intervalles de la cavalerie, et l'ennemi, se croyant attaqué par les bataillons de Frédéric, ne songea plus qu'à se retirer. Ce mouvement de retraite enhardit les hussards qui chargèrent à plusieurs reprises sans trouver de sérieuse résistance. Enfin, ils s'élancent à bride abattue dans les rues de Gotha où ils portent un désordre inexprimable.

En ce moment même, Soubise se trouvait à la table de la Duchesse et ne tarissait pas en éloges sur le compte des hussards prussiens. Les voilà qui viennent eux-mêmes confirmer ses louanges et le prince n'a que le temps de se jeter sur un cheval et de s'enfuir. Tout le monde suivit son exemple à l'exception de 8 officiers et d'une centaine d'hommes qui restèrent prisonniers. Les Prussiens firent un immense butin en chevaux, bagages, objets de toilette et habillements de toute sorte. Seydlitz poursuivit les fuyards de l'autre côté de la ville et ne s'arrêta que lorsqu'ils se furent enfermés dans Eisenach.

Cette brillante surprise de Gotha eut pour résultat de donner à la cavalerie prussienne une confiance illimitée. Elle se crut tout possible après ce coup de main que tout autre que Seydlitz n'eût jamais voulu tenter sans avoir de l'infanterie.

4

« Tout autre officier, dit le Grand Frédéric, dans
« son *Histoire de mon temps*, eût été heureux de
« sortir sans pertes d'une situation aussi difficile ;
« M. de Seydlitz n'eût point été satisfait s'il n'en
« eût pas retiré quelque avantage. Cet exemple
« prouve que l'habileté et l'audace du général
« font plus à la guerre que le nombre des troupes.
« Dans une position semblable, un général médio-
« cre, découragé par la supériorité évidente de
« l'ennemi, se fût mis en retraite et eût perdu la
« moitié de son monde dans des combats d'arrière-
« garde où son infériorité en cavalerie lui donnait
« le désavantage. La manière habile dont il sut
« disposer ses régiments trompa l'ennemi et four-
« nit à M. de Seydlitz une occasion inespérée de
« se couvrir de gloire. »

Malgré ce succès, Seydlitz demanda de suite des
renforts : « Car, écrivait-il au Roi, la manœuvre
« d'aujourd'hui ne pourrait réussir une seconde
« fois. » Deux jours après, Frédéric le rappela de
Gotha, et Seydlitz opéra sa retraite au grand jour,
sans être inquiété. « La crainte des armes de Votre
« Majesté, écrivait-il au Roi, est grande chez nos
« ennemis. »

VI

ROSSBACH

Les Français, sous les ordres de Soubise, évitaient avec soin de s'engager sérieusement et cherchaient à occuper le Roi pour faciliter les attaques des autres ennemis qui menaçaient la Prusse. Les Suédois levaient des contributions dans les Marches; les Russes envahissaient les provinces prussiennes; les Autrichiens étaient aux portes de Dresde, et la Saxe, d'où le Roi tirait les moyens de subvenir à la guerre, semblait perdue. Berlin même réclamait du secours et se trouvait menacé par 4,000 Croates sous les ordres de Haddik.

Frédéric marcha dans cette direction et franchit l'Elbe, en abandonnant aux Français la rive gauche de la Saale. Ce mouvement devint inutile quand on apprit que Haddik avait évacué Berlin en n'exigeant qu'une faible contribution de 200,000 thalers et une douzaine de paires de gants pour sa souveraine.

La Prusse était à deux doigts de sa perte. Une victoire seule pouvait inspirer du respect à ses ennemis et rendre la confiance aux Prussiens. Le Roi résolut de livrer bataille aux Autrichiens et il se dirigeait rapidement sur la Silésie, quand il fut arrêté par une nouvelle imprévue. Le feld-maréchal Keith, qu'il avait laissé sur la Saale, lui annonçait que les Français, réunis aux Impériaux, étaient passés sur la rive droite de la rivière et marchaient sur la Saxe. Le Roi n'hésita pas à rétrograder et, au bout de huit jours, ses forces se trouvaient réunies à Leipzig.

Soubise, auquel des ordres de sa cour défendaient de s'engager sur la rive droite de la Saale, repassa en toute hâte sur la rive gauche. Les Prussiens se portent alors sur Weissenfels et en chassent la garnison ennemie. Les ponts sur la Saale avaient été brûlés, ils en jettent de nouveau à Weissenfels, à Mersebourg et à Halle et, le 3 novembre, ils passent la Saale sur trois colonnes *bb*.

La hardiesse et la promptitude de ce passage surprirent tellement les Alliés que quelques-unes de leurs troupes ne rejoignirent pas à temps leurs

BATAILLE DE ROSBACH

5 Novembre , 1757 .

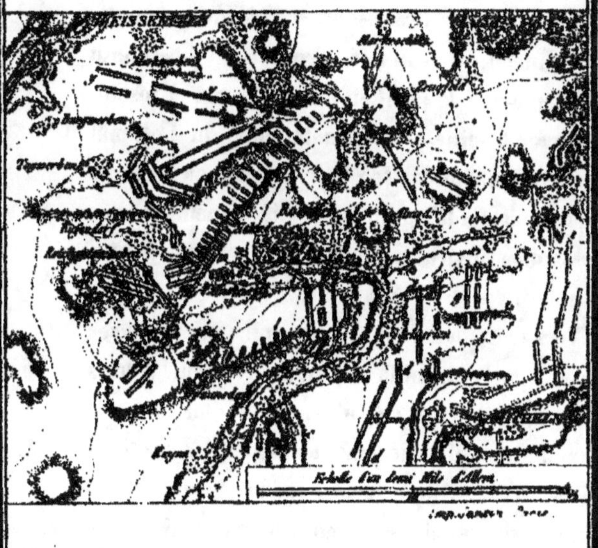

Prussiens :

Alliés :

corps qui se repliaient. Ainsi Laudon, qui commandait le contingent autrichien, rallia les Français, le 3 novembre, sans ses grenadiers et avec trois bataillons seulement de Croates. La moitié des Impériaux était en retard, et c'était déjà pour les Prussiens une première victoire.

Ces derniers, le jour du passage de la Saale, étaient massés à Braunsdorf *cc* [1], à un demi-mille de l'ennemi, sur son flanc droit. Le Roi reconnut au crépuscule la position des Alliés *aa*, et résolut de livrer bataille le lendemain, bien qu'il estimât avoir devant lui des forces triples des siennes. Le camp ennemi était gardé si négligemment que des hussards prussiens y pénétrèrent pendant la nuit et enlevèrent des chevaux.

Vers deux heures du matin, on vint annoncer au Roi que l'ennemi faisait un mouvement. A trois heures, il monta à cheval avec son état-major et reconnut, au clair de lune, les nouvelles positions des Alliés *ee*. A quatre heures, les troupes prussiennes se mettaient en mouvement, mais arrivé en *dd* devant la position ennemie, et le jour permettant de la mieux reconnaître, le Roi la trouva telle-

[1] Voir le plan de la bataille de Rossbach.

ment formidable qu'il renonça à l'attaquer et replia
ses troupes à deux lieues de là en *ff* pour attendre
les événements. — La cavalerie qui couvrit ce
mouvement rétrograde eut à essuyer une assez
vive canonnade et perdit une vingtaine d'hommes.

Le lendemain matin, le Roi transporta son quartier général de Bedra à Rossbach. Le camp prussien, placé entre ces deux villages, avait sa gauche
appuyée au dernier. Devant le centre se trouvait
le village de Schortau qui fut occupé par des
hussards. Les troupes, composées de 26 bataillons
et de 45 escadrons, formant un effectif de
22.000 hommes, campaient sur trois lignes : les
deux premières d'infanterie; la cavalerie et l'artillerie en troisième ligne.

Le camp était dominé par l'ennemi qui pouvait
ainsi compter les Prussiens homme par homme.
Il en était séparé par un ravin profond, et protégé
de plus par un marais qui en rendait l'abord difficile de trois côtés. Il ne pouvait donc être attaqué
avec chance de succès que par derrière, du côté
de la Saale. Or, une manœuvre aussi hardie
demandait un ennemi mieux commandé que les
Alliés. Le Roi ne la craignait donc point, mais il
était dans un cruel embarras. Attendre là que

l'ennemi voulût bien se retirer était chose impossible, car il n'y avait pas un instant à perdre et la Silésie réclamait sa présence. D'un autre côté, il ne fallait pas songer à attaquer le camp ennemi, protégé par le ravin, des retranchements et une formidable artillerie. Déjà Frédéric avait résolu d'abandonner son entreprise et de courir en Silésie quand l'imprévu lui vint en aide du côté de l'ennemi.

En voyant le roi de Prusse renoncer à les attaquer et reporter ses troupes en arrière, les généraux alliés crurent que les Prussiens se retiraient devant la supériorité de leurs forces. Ils résolurent alors d'aller à eux et de leur couper la retraite du côté de la Saale. Le mouvement fut décidé pour le lendemain, et les préparatifs se firent dans la nuit. Le général de Saint-Germain reçut l'ordre de rester dans le camp avec une partie de l'aile gauche en y.

Le 5 novembre, entre une et deux heures de l'après-midi, les Alliés s'ébranlèrent par leur droite sur deux colonnes *ii*; ils traversèrent Gräst et suivirent la route qui conduit à Fribourg, sur l'Unstrut. — Ils voulaient ainsi faire croire à un mouvement de retraite sur cette rivière. — Arrivés au village de Zeugfeld et se croyant hors de la

vue de l'ennemi, ils firent tête de colonne à gauche.
Les deux généraux en chef gravirent alors un
monticule pour observer l'effet qu'avait produit
leur mouvement sur les Prussiens. Tout était
immobile dans leur camp ; le Roi ne soupçonnait
donc pas la manœuvre qui le menaçait.

Le mouvement tournant fut continué avec confiance, par la route de Naumbourg, sur Pettstaedt.
La cavalerie marchait en avant. On devait de là
se porter, par Lunstaedt et Reichertswerben, jusqu'à la route qui va de Weissenfels à Mersebourg,
puis faire un à gauche sur cette route et couper
ainsi les Prussiens de Mersebourg par où était
leur seule retraite sur la Saale.

Le mouvement était habile et, avec leurs forces
supérieures, les Alliés croyaient facile de cerner
et de battre l'ennemi. — Pendant la marche sur
Pettstaedt, ils virent toujours les Prussiens immobiles dans leur camp. On entendit bien une fusillade de ce côté ; c'était Saint-Germain qui jouait
son rôle et occupait le Roi pour qu'il ne s'aperçût
point du mouvement tournant. Le succès paraissait tellement certain que Soubise écrivit à sa cour
qu'il enverrait bientôt prisonnier à Versailles le
marquis de Brandebourg.

Les Alliés se trompaient. — Depuis longtemps Frédéric suivait leur mouvement d'une fenêtre de de la maison du bailli de Rossbach et il avait deviné leur projet. Dès que les Alliés ont atteint Luftschif, en arrière de Pettstaedt, la physionomie du camp prussien change en un instant : les tentes sont abattues et les troupes, sous les armes //, sont déjà en marche vers la Saale. Dans leur aveuglement, les Alliés crurent à une retraite des Prussiens sur Mersebourg et ne songèrent qu'à les prévenir. Leur cavalerie se porta fort en avant de l'infanterie ; à Reichertswerben, elle fit un demi à gauche *o* pour tourner le mont Pœlzen et gagner avant l'ennemi la route de Weissenfels à Mersebourg.

Déjà, dans la nuit du 4 au 5 novembre, le roi de Prusse avait su que l'armée alliée faisait ses préparatifs de départ. Le 5 au matin, des hussards en patrouille apprirent des habitants que l'ennemi devait marcher sur Weissenfels. A neuf heures du matin, Saint-Germain parut sur les hauteurs, avec 9 bataillons et 15 escadrons, en avant du village de Schortau, derrière lequel était le centre de l'armée prussienne, et il attaqua le village. Cette attaque fut insignifiante ; les Français tiraient de trop loin et on ne leur répondit pas. Seydlitz se porta seulement en avant avec quelques escadrons pour les observer.

Le Roi vit bien que c'était là une fausse attaque destinée à masquer le mouvement de l'ennemi, mais il ne pouvait croire aux renseignements qu'il recevait sur la direction de ce mouvement. Il pensait que les Alliés se retiraient sur l'Unstrut. En effet, s'ils eussent voulu le couper de la Saale, pourquoi se portaient-ils sur Weissenfels où ils ne pouvaient supposer que fût sa ligne de retraite? Il leur eût été plus commode de se porter à gauche sur Mersebourg. Il prit les troupes de Saint-Germain pour l'arrière-garde de l'armée alliée et disposa, pour l'attaquer, 10 bataillons de son aile droite, soutenus par des dragons et des hussards.

L'aide de camp, capitaine de Gaudi, reçut l'ordre d'observer la marche de l'ennemi, et ce fut ce même officier qui, du toit de la maison du bailli de Rossbach, découvrit le mouvement à gauche des Alliés par Zeugfeld, et observa leur marche sur Pettstaedt. Le Roi ne se montra pas inquiet de son rapport et se mit tranquillement à table avec ses officiers. Au bout de quelques instants, Gaudi reparut et annonça précipitamment que l'aile gauche prussienne était tournée. Le Roi, remarquant chez cet officier quelque émotion, reçut la nouvelle en incrédule, mais il ordonna pourtant de seller la cavalerie et d'atteler la grosse artillerie. En sortant de table, il monta avec ses généraux sur le toit de la maison et reconnut lui-même que Gaudi avait bien vu et que l'ennemi venait au-devant de ses désirs en lui offrant la bataille.

Il était déjà deux heures et, pour avoir une affaire sérieuse, il fallait marcher à l'ennemi et lui épargner la moitié du chemin. La position des deux armées et les conditions du terrain étaient favorables à un plan hardi. Les Prussiens étaient plus près que l'ennemi de la portion de la route de Weissenfels à Mersebourg qui est située derrière le mont Pœlzen ; ils pouvaient donc y arriver avant lui et l'attaquer en marche avant qu'il eût pu se former. Les Français et surtout les Impériaux avaient à peine une idée des déploiements rapides où excellaient les Prussiens.

La chaîne de hauteurs qui se relie à celles de Janus *r* et de Pœlzen favorisait les Prussiens, en cachant leur marche aux Alliés, qui suivaient le versant opposé. Le plan de Frédéric était d'accomplir plus vite que lui le plan de l'ennemi, et de le tourner.

L'exécution en fut aussi prompte que la conception. A deux heures et demie fut donné l'ordre d'abattre les tentes; le camp disparut en un clin d'œil et tout le monde fut sous les armes. Le Roi prit lui-même le commandement de l'infanterie et, par un quart de conversion à gauche, il la mit en colonne *ll* dans une direction parallèle à celle que suivait l'ennemi *mm*. 7 escadrons de cavalerie *k* restèrent à Schortau pour contenir Saint-Germain; les 38 autres, destinés à agir ensemble, furent placés sous les ordres de Seydlitz, bien qu'il fût le plus jeune des généraux de cavalerie.

Seydlitz se trouvait ainsi commander à de vieux généraux, et sa position était assez difficile; mais, avec cette décision qui lui faisait saisir vite et juste une situation, il dit simplement aux officiers : « Messieurs, j'obéis au Roi et vous m'obéis-« sez. En avant! » Il quitta alors la troisième ligne et se porta au grand trot en avant de l'infanterie en *nn*, pour couper à l'ennemi la route de Mersebourg. Il se glissa derrière les hauteurs mentionnées ci-dessus, qu'il fit occuper par 5 escadrons de hussards verts de Szekely, afin d'empêcher les Alliés de savoir ce qui se passait de l'autre côté.

Les deux armées marchaient ainsi dans le même sens : les Alliés se hâtant inconsidérément pour empêcher les Prussiens de s'échapper; ceux-ci se hâtant aussi, mais dans un ordre parfait. Le Roi marchait sur deux colonnes : la première, de 19 bataillons, l'autre, plus éloignée de l'ennemi, de 6 bataillons. Un bataillon de grenadiers couvrait le flanc gauche. Il n'avait pas de cavalerie; mais elle était superflue, puisque l'aile droite restait éloignée de l'ennemi et se trouvait, en outre, derrière le ruisseau marécageux du Leibe.

Arrivé à la chaîne de hauteurs, le Roi plaça sur le point le plus élevé, le mont Janus *r*, 18 pièces de grosse artillerie, sous les ordres du colonel Moller. Il avait l'ordre d'ouvrir le feu, dès que le mouvement en avant de Seydlitz en donnerait le signal. La bataille était donc entre les mains de Seydlitz.

Il était trois heures et demie quand la cavalerie prussienne arriva au mont Janus, où elle fit halte, conformément aux ordres du Roi. Seydlitz vit bientôt la cavalerie ennemie arriver sur lui de Reichertswerben. Elle se composait de 22 régi-

ments français, 3 régiments autrichiens et 3 Impériaux : en tout 52 escadrons, sous les ordres du
duc de Broglie. Elle n'avait aucun appui à attendre de son infanterie, restée fort en arrière, et
n'était point préparée au combat, par suite de la
rapidité de sa marche.

Seydlitz résolut donc d'attaquer avant que l'ennemi n'eût rétabli l'ordre dans ses escadrons et
que son infanterie ne l'eût rejoint. Lui aussi était
loin de l'infanterie prussienne; mais il avait en
lui-même une confiance absolue. — L'esprit fougueux de sa jeunesse se réveillait.

Déjà il a tourné la colline et se trouve sur le
flanc de l'ennemi. Il se forme alors sur deux lignes o : la première de 15 escadrons, la deuxième
de 18; les cavaliers sur deux rangs, au lieu de
trois [1]. Les escadrons de Szekely couvrent le flanc
gauche.

Pendant cette marche rapide, le cheval d'un
capitaine de cuirassiers devient rétif et cause du
désordre dans l'escadron. C'est l'affaire d'un instant, mais Seydlitz a tout vu. Il s'élance au galop.

---

[1] Depuis cette innovation de Seydlitz, la cavalerie prussienne se
forma toujours sur deux rangs.

et, dominé par la colère, il crie au malheureux capitaine : « Allez au diable ! » et le chasse honteusement du front du régiment, où il ne reparut jamais depuis.

Tout est prêt, et chacun a les yeux fixés sur le général, immobile, en avant de la première ligne. Les sabres sont toujours au fourreau et la pipe de Seydlitz fume encore. Tout à coup, il jette sa pipe et met l'épée à la main. Au signal, 4,000 sabres sortent du fourreau, et la ligne entière fond sur l'ennemi avec une vitesse furieuse. L'artillerie du mont Janus commence à tonner, et les grenadiers prussiens se rapprochent toujours des Alliés.

Seydlitz tombe comme l'éclair sur les Français. Broglie, déjà surpris de se voir débordé, fait de vains efforts pour réparer dans ses escadrons le désordre causé par une marche rapide. Seydlitz ne lui en laisse pas le temps. — Les escadrons ennemis ne sont pas encore formés qu'ils sont enfoncés par les Prussiens. Les Français se défendent avec bravoure ; mais ils sont mal commandés et n'ont pas d'ensemble dans leurs mouvements.

Que pouvait tant de courage individuel contre les masses serrées des Prussiens ? L'ennemi commence à plier de tous côtés. Les régiments de cui-

rassiers autrichiens de Brettlach et de Trautmann-
sdorff, avec deux régiments français, se sont
reformés en deuxième ligne et font une vigou-
reuse résistance. Ils sont écrasés par les cuirassiers de Seydlitz, et leur héroïque sacrifice ne peut
conjurer la défaite. En vain, Soubise s'élance en
avant, il est entraîné lui-même par la fuite de
toute sa cavalerie.

Le combat avait duré une demi-heure à peine,
tant l'habile attaque de flanc de Seydlitz avait
promptement décidé la victoire. Les 52 escadrons
sont en fuite dans la direction de Fribourg. Ils
arrivent en désordre à Reichertswerben et se pré-
cipitent dans le chemin creux qui forme l'entrée
du village. Chevaux et cavaliers s'entassent pêle-
mêle et le chemin se comble d'une masse vivante.
— Les cavaliers prussiens font prisonniers des escadrons entiers.

Après avoir ainsi balayé la cavalerie ennemie,
Seydlitz voit le flanc droit de l'infanterie alliée
découvert et exposé à ses coups. Abandonnant
sa poursuite, il se porte de Reichertswerben en
avant de Tagewerben y et se trouve alors en arrière de l'aile droite ennemie. Il attend avec impatience le moment d'attaquer.

Cependant le combat s'était engagé entre les troupes à pied. Lorsque le Roi en donna le signal, sa tête de colonne s'était déjà si avancée que le feld-maréchal Keith, avec les cinq bataillons de la deuxième ligne, put occuper Reichertswerben, tandis que l'aile droite venait s'appuyer à Lunstaedt. Le Roi disposait donc de toutes ses forces contre la droite ennemie. Les bataillons marchaient en colonne, à 50 pas de distance. A la hauteur de l'ennemi, chaque bataillon fit un à droite et toute la ligne se porta en avant. En voyant cette manœuvre qui leur était inconnue, les généraux alliés hésitèrent. — Leur flanc droit est débordé et, plutôt que de recevoir le choc de la ligne prussienne, ils cherchent à gagner du terrain et accélèrent la marche de leurs colonnes. Les Prussiens ne leur laissent pas le temps d'accomplir ce mouvement qui occasionne du désordre dans les bataillons alliés. La situation est désespérée avant que le combat n'ait commencé. — « La bataille est perdue sans ressources, » murmure le duc d'Hildburdghausen au prince de Soubise, en voyant les têtes de colonne prussiennes arriver sur son infanterie.

Le Roi fait appuyer son mouvement par les 18

pièces de canon qui ont foudroyé la cavalerie ennemie des hauteurs du Janushugel. Leur feu produit de grands ravages dans les têtes de colonne
des Alliés. Elles hésitent, s'arrêtent et les généraux parviennent difficilement à les mettre en bataille. Les bataillons qui suivent continuent d'ac-
célérer leur marche, d'après les ordres qu'ils ont
reçus, et viennent se presser sur les premiers.
L'espace nécessaire pour la formation des lignes
va sans cesse en diminuant jusqu'à ce qu'enfin
l'ennemi ne forme plus qu'une masse compacte.
Quelques bataillons de la troisième ligne réussissent à se porter à la première, mais les Prussiens
font aussitôt avancer en première ligne deux bataillons de grenadiers de la deuxième, et l'ennemi
est toujours tourné. Leurs efforts pour se déployer
restent vains, et le désordre augmente à vue d'œil
chez les Alliés. La grosse artillerie prussienne
porte sans relâche dans leurs masses la mort et la
confusion.

Les Alliés ne peuvent pas, sans combattre,
abandonner la victoire aux Prussiens. Leurs têtes
de colonne, à demi-formées, offrent un front d'à
peu près 50 hommes. Derrière ce faible front est
une profondeur énorme qui s'augmente à chaque

instant par l'arrivée de nouveaux bataillons. Cette
profondeur accroît, il est vrai, la force de résistance; mais l'artillerie prussienne fait dans ses
rangs des ravages considérables, chaque boulet
enlève des files entières. Les hommes sont abat-
tus comme avec une faux, selon l'expression d'un
témoin oculaire.

Il est près de quatre heures quand les grenadiers prussiens, conduits par le prince Henry et
le Roi en personne, entrent en ligne. Ils ouvrent
leur feu, à 40 pas de l'ennemi, avec un sang-
froid imperturbable. C'est le dernier coup pour
les Français déjà ébranlés. Leurs têtes de colonne
hésitent, fléchissent et font demi-tour. Elles entraînent avec elles les bataillons qui les suivent,
et la retraite se change presque en déroute. — Le
feu de l'infanterie a duré 25 minutes.

C'est le moment qu'attendait Seydlitz. Il se jette
avec toute sa cavalerie sur cette infanterie en désordre *u*. Il entoure et enlève des bataillons entiers. Beaucoup se rendent presque sans combattre. Quelques brigades résistent et croisent la
baïonnette contre les cavaliers prussiens, mais
elles ne peuvent soutenir l'élan furieux des gardes du corps et des gendarmes de Seydlitz.

Cependant les vainqueurs eux-mêmes se désunissent. Pendant que les uns chargent, les autres sont employés à garder les prisonniers. Deux escadrons de gendarmes se trouvent séparés du gros de la cavalerie. Ils vont payer la victoire de leurs frères d'armes, car des escadrons français de l'aile droite, qui n'ont pas encore donné, font mine d'attaquer cette petite troupe. Un heureux hasard vient au secours des Prussiens à qui tout réussit ce jour-là. L'officier français, qui ne soupçonne pas l'ennemi aussi avant dans l'armée alliée, crie à ses hommes : « Ce sont des Impériaux! » et il passe devant les gendarmes prussiens pour aller prendre part au combat. Aussitôt, les deux escadrons font demi-tour ; ils attaquent par derrière les forces supérieures qui ne les ont pas reconnus et, profitant de leur surprise, ils les enfoncent et les dispersent.

Alors a lieu une mêlée terrible et un combat corps à corps où les Français se battent avec une bravoure héroïque. Leurs généraux exposent leur vie comme les soldats. Le prince de Soubise va chercher lui-même les escadrons de réserve. Le marquis de Castries accourt au galop avec 8 escadrons et, tout essouflés qu'ils sont, il les lance

contre la cavalerie de Seydlitz et fait des prodiges
de valeur. Sans chapeau, blessé à la tête, il est
partout où il voit les siens plier et il les ramène à
la mêlée. Il résiste avec sa brigade et protége la
retraite de l'infanterie. Deux escadrons autrichiens
se joignent à lui et il réussit à arrêter une nouvelle charge des Prussiens. Deux autres régiments
français se sont reformés et attaquent avec furie
les Prussiens qui commencent à plier. A ce moment, Seydlitz, blessé au bras d'un coup de feu,
est entre les mains des médecins. Il remonte à
cheval avec le bras en écharpe. Un éclair de son
épée suffit pour rendre des forces aux siens, et
l'ennemi est culbuté.

La cavalerie prussienne est partout victorieuse
et il reste peu de chose à faire à l'infanterie. La
première ligne se lance à la poursuite de l'ennemi
qui ne tient plus nulle part et se met en retraite
sur l'Unstrut. La cavalerie de son aile gauche, qui
devait couvrir ce mouvement, est foudroyée par les
batteries prussiennes. Les fuyards n'ont plus de
secours à attendre que de la nuit qui vient de
bonne heure, au mois de novembre. Saint-Germain *gh*, qui avait assisté à la bataille sans y
prendre part, ne pouvait pas ramener la victoire

du côté des siens; il essaya *x* de couvrir la retraite
et rejoignit, le lendemain, l'armée du duc de
Richelieu.

La bataille n'avait pas duré plus de trois heures
et demie. La nuit empêcha les Prussiens de poursuivre l'ennemi plus loin que les hauteurs d'Ob-
schutz où ils campèrent.

Les pertes furent peu considérables des deux
côtés. Celles des vainqueurs étaient insignifiantes;
3 officiers et 162 hommes tués, 20 officiers et
356 hommes blessés. Le prince Henry reçut une
contusion, et les généraux Seydlitz et Meinecke
furent blessés légèrement. L'aile droite, ayant à
peine donné, n'avait pas perdu un homme.
7 bataillons seulement de l'aile gauche avaient
pris une part active au combat. La cavalerie et
l'artillerie avaient les honneurs de la journée.
Grâce au rôle de la cavalerie dans cette bataille,
les Alliés n'avaient que 600 ou 700 tués et
2,000 blessés, la plupart par le feu de l'artillerie.
Parmi ces derniers se trouvaient le duc d'Hildburghausen et 5 généraux français. Les Prussiens
firent 5,000 prisonniers dont 8 généraux et 300 officiers. Le nombre eu eût été double peut-être si la
nuit n'avait pas arrêté la poursuite. 67 canons,

15 étendards, 7 drapeaux, 2 paires de timballes
et une partie des bagages restèrent entre les mains
du vainqueur, qui coucha sur le champ de bataille *yy*.

L'ennemi vaincu chercha en toute hâte à passer
l'Unstrut, à Fribourg. La cavalerie avait déjà
franchi le fleuve à six heures, deux heures seulement après que Seydlitz l'avait battue, à Reichertswerben. L'infanterie, arrêtée dans sa marche par
la nuit, passait encore le pont au point du jour.
Le prince de Soubise, accompagné de quelques
aides de camp, gagna d'une traite Nordhausen,
et le duc d'Hildburghausen prit la route de
Weimar.

Le roi de Prusse passa la nuit au château de
Burgwerben. Il y reçut avec bienveillance le
marquis de Custines, blessé et prisonnier. Il apprit
de lui que les généraux alliés, en quittant leur
camp, n'avaient voulu qu'en établir un autre
entre Pettstaedt et Reichertswerben et que c'était
seulement à Zeugfeld, lorsqu'ils avaient vu le
camp prussien toujours immobile, qu'ils avaient
résolu inconsidérément d'attaquer Frédéric à
revers.

Le 6 novembre, au point du jour, la poursuite

continua jusqu'à Fribourg. L'ennemi ayant détruit
le pont, le Roi en fit jeter un au-dessous de la ville
et passa la rivière avec 11 bataillons et 35 escadrons. Le maréchal Keith occupa Fribourg avec
le reste de l'armée.

L'ennemi avait une trop grande avance et ne
put être rejoint. Des hommes isolés, 4 pièces de
canon et des bagages furent ramassés par les hussards. Le Roi, jugeant inutile de continuer la poursuite, se contenta de diriger le colonel Lentulus
sur Erfurth, et le colonel Czettritz sur Colleda, car,
d'après les nouvelles, les Alliés s'étaient divisés :
les Impériaux avaient pris la route d'Erfurth, et
les Français, celle de Nordhausen. Cette poursuite
n'amena du reste aucun résultat. Les Français
etaient dejà, le 7, à Langensalza, à 20 lieues du
champ de bataille. 12.000 d'entre eux se répan-
dirent dans la Thuringe, en pillant et se livrant à
tous les excès, et le général en chef ne trouva pas
d'autre moyen de les rallier que de faire placer
à chaque carrefour de route un écriteau indiquant
Nordhausen et Heiligenstadt comme point de
réunion.

Le 7 novembre, les Impériaux avaient traversé
Erfurth dans un désordre inouï, offrant un mélange

de cavalerie et d'infanterie ; un pêle-mêle de Français, d'Allemands, de Hongrois, de Croates et de Suisses. Un seul régiment bavarois n'était pas débandé et avait traversé la ville musique en tête. Bamberg était désigné aux Impériaux comme point de ralliement, mais fort peu y arrivèrent ; la plupart regagnèrent leurs foyers, et les quelques débris de l'armée qu'on put retenir de force restèrent aux frontières de Franconie.

La victoire de Rossbach débarrassait pour quelque temps le roi de Prusse des Impériaux et des Français, et lui permettait de tourner toutes ses forces contre les Autrichiens qui, après avoir battu le duc de Bevern à Breslau, avaient déjà reconquis presque toute la Silésie. L'effet moral de Rossbach fut immense. La défaite de Kollin était oubliée. Frédéric et les Prussiens étaient toujours les mêmes. — L'histoire moderne n'offrait pas d'exemple d'une victoire aussi complète, remportée en aussi peu de temps par une armée inférieure en nombre. Aux cris de triomphe des Prussiens répondit, dans toute l'Europe, un immense écho, même chez leurs ennemis. Toute l'Allemagne célébra les vainqueurs des Français. En France même, les moqueries et le mépris étaient pour

Soubise et le parti de la Cour ; les éloges pour le Roi de Prusse.

Les généraux et les officiers prisonniers ne cachaient pas leur admiration pour le Roi et pour Seydlitz. Les Français parlaient de lui comme d'une merveille : « Ce garçon-là, disaient-ils, est né général ». — Dans le fait, la cavalerie prussienne avait, sous les ordres de Seydlitz, accompli des prodiges et s'était montrée digne de celle qui avait aidé le Grand-Électeur à chasser les Suédois de ses États. Les vieux cavaliers brandebourgeois de Fehrbellin semblaient être ressuscités à Rossbach. Dès lors, la cavalerie prussienne se regarda comme invincible, et l'image de Seydlitz fut dans toutes les maisons de l'Allemagne, à côté de celle du grand Frédéric.

Le Roi ne fut pas le dernier à reconnaître le mérite de son général. Le soir même de la bataille, il le fit d'une manière éclatante, en lui envoyant du château de Burgwerben les insignes de l'Aigle-Noir, avec de gracieux remerciements. Quelques jours après, il le nomma lieutenant général et propriétaire du régiment de cuirassiers qu'il avait commandé. En moins de six mois, le jeune héros était devenu, de colonel, lieutenant

général ; et il avait reçu, comme général-major,
le très-haut ordre souvent refusé à de vieux lieutenants généraux, privilége inouï jusqu'alors, et
qui ne se vit pas depuis.

Loin de s'enorgueillir de tant d'honneurs,
Seydlitz resta simple et modeste comme auparavant. Il chercha même à adoucir par ses paroles
et sa conduite ce que pouvait avoir de blessant,
pour les généraux plus anciens que lui, son avancement extraordinaire. Il assura cordialement le
brave général Meinecke, blessé comme lui dans
la bataille, que malgré la faveur du Roi qui le
rendait son supérieur, il n'oublierait jamais le
respect qu'il devait à l'un des plus braves généraux de l'armée dont l'amitié lui serait toujours
précieuse.

Seydlitz s'employa activement auprès du Roi
en faveur des officiers qui s'étaient distingués
sous ses ordres, et il obtint sans difficulté les pro-
motions qu'il demanda. Du reste, n'aspirant qu'à
l'honneur militaire, il était sans fausses complai-
sances pour le Roi, sans jalousie et sans orgueil
avec ses égaux ; aussi, chacun l'aimait et le fêtait
à l'envi.

Après s'être assuré que les Alliés s'étaient com-

plétement dispersés, le Roi retourna sans retard
à Leipzig. Il y attendit pendant deux jours l'arrivée d'une partie de son armée victorieuse et
partit à marches forcées pour reconquérir la Silésie.
Seydlitz, obligé par sa blessure de rester à Leipzig,
ne put assister à la brillante journée de Leuthen.
Le prince Henry lui en annonça la nouvelle par
ordre exprès de Frédéric, et la pensée que le Roi
l'avait jugé digne d'une telle marque de considération consola un peu Seydlitz de n'avoir pu
cueillir à Leuthen de nouveaux lauriers.

Il passa tout l'hiver à Leipzig. — La blessure
de Seydlitz inquiétait moins son médecin, le docteur Cothenius, que l'état de santé général prove-
nant des excès auxquels il s'était livré. Seydlitz avait
déjà commencé à souffrir dans les cantonnements
de Silésie, et les deux campagnes suivantes ne
lui avaient pas permis de se soigner. La force
physique avait été maintenue, grâce à une volonté
énergique et à l'aiguillon des événements; mais
dès que cet aiguillon disparut et que sa blessure
condamna le général au repos, la maladie revint
avec d'autant plus de force qu'elle avait été plus
longtemps maîtrisée.

L'état du malade s'améliora cependant avec

rapidité, mais il fut longtemps sans pouvoir monter
à cheval; cet exercice lui faisait perdre la respira-
tion. Le Roi s'informait souvent de sa santé,
et Seydlitz lui écrivait : « Dès que je pourrai
« monter à cheval, je reprendrai la carrière dans
« laquelle j'ai eu le bonheur de réussir, et que les
« faveurs de Votre Majesté m'ont rendue si chère.
« J'espère y mourir en continuant à les mériter ».

Grâce à l'influence salutaire du printemps,
Seydlitz fut enfin rétabli, et il se rendit en Silésie
où le Roi avait ouvert la campagne de 1758 par
la prise de Schweidnitz. Frédéric entra ensuite en
Moravie et marcha contre Olmutz. Cette place, que
Schwerin avait prise si facilement dans la première
guerre de Silésie, opposa cette fois une résistance
énergique. Elle était non-seulement très-bien
fortifiée, mais encore abondamment approvi-
sionnée, tandis que les Prussiens manquaient du
matériel de siége nécessaire et avaient peu d'approvisionnements : en outre, leurs forces étaient
insuffisantes.

Cette guerre était ingrate pour Seydlitz. Le Roi
dirigeait lui-même les opérations et l'ennemi
évitait avec soin tout engagement décisif, dans
lequel un général eût pu trouver l'occasion de se

distinguer. — Comme toujours, cependant, Seydlitz fit son devoir. — Le 12 mai, avec 2 régiments de dragons et 300 hussards, il poussa une pointe jusqu'à Tobitschau et, après avoir reçu un renfort d'infanterie, il s'avança jusqu'à Kremsir. Il enleva tous les approvisionnements et les fourrages entre Prerau et Holeschau, de manière à rendre difficile l'arrivée de l'ennemi de ce côté, et il rentra ensuite au camp de Neustadt.

Cependant, la position des Prussiens devenait chaque jour plus difficile. Daun, ayant sous ses ordres l'habile général Laudon, arrivait de Bohême, pour dégager Olmutz. Dès qu'il apprit leur marche, le Roi leva le siége d'Olmutz. Il évacua même complétement la Moravie, après que Laudon lui eût enlevé, dans un défilé, un convoi important.

Ses communications étant coupées avec la Silésie, Frédéric ne pouvait se retirer de ce côté. Il en fit cependant la feinte pour tromper l'ennemi et se jeta tout à coup du côté de la Bohême. Cette marche, que la supériorité des Autrichiens rendait dangereuse, fut exécutée avec une habileté extrême. Seydlitz livra un combat glorieux à Schlumetz, et fut ensuite chargé de couvrir la retraite avec toute

la cavalerie. Il remplit si bien cette pénible mission que l'armée prussienne traversa les montagnes qui séparent la Bohême de la Silésie, et atteignit le camp de Landshut. sans éprouver de
pertes sérieuses.

VII

ZORNDORF

Les Russes avaient envahi le territoire de la
Prusse et leurs progrès menaçants forcèrent le
Roi à tourner contre eux le gros de ses forces.
L'armée russe, forte de plus de 50,000 hommes,
sous les ordres du comte de Fermor, était entrée
dans la Nouvelle Marche. Pénétrant jusqu'à l'Oder,
elle était passée sur la rive droite de la Wartha et
menaçait la citadelle de Custrin, après avoir, dès
le 15 août, bombardé et brûlé la ville. Les troupes prussiennes du comte de Dohna, se retirant
lentement devant des forces supérieures, se trouvaient derrière l'Oder, à Gorgast, près de la forteresse de Custrin.

Le 11 août, le Roi quitta le camp de Landshut
avec 16 bataillons et 28 escadrons de ses meilleures troupes, formant un effectif d'à peu près

14,000 hommes. Il passa l'Oder, à Francfort, et arriva le 21 à Gorgast. Après s'être rendu compte de la situation, il résolut de livrer bataille aux Russes le plus tôt possible, dans le but de s'en débarrasser, et de pouvoir ensuite tourner ses armes contre les Autrichiens. Laissant donc quelques troupes près de Custrin, pour faire croire à l'ennemi qu'il songeait à protéger la place, il remonta l'Oder en toute hâte, jeta en deux heures un pont à Gustebiese et se trouva, le 23 août, sur la rive droite du fleuve avec 32,000 hommes, dont près d'un tiers était composé de cavalerie.

Dès qu'ils surent l'armée prussienne derrière eux, les Russes firent un changement de front pour lui faire face. Leur armée prit une bonne position [1] en arrière des villages de Quartschen et de Zorndorf, appuyant sa gauche à la Mietzel, ruisseau qui traverse Quartschen et porte ses eaux à l'Oder ; et sa droite, aux bois de Drewitz. Devant le front se trouvaient trois fortes dépressions de terrain : d'abord le Zabergrund, bas-fond marécageux, se dirigeant, au nord de Zorndorf, vers Quartschen ; plus loin, le ravin du Galgengrund,

[1] Voir le plan de la bataille de Zorndorf.

BATAILLE DE ZORNDORF.
25 Août . 1758.
Prussiens:
Russes:

partant de Wilkersdorf et suivant une direction parallèle au Zabergrund; enfin un troisième ravin qui se dirige au nord, traverse le Hofebruch et revient vers Quartschen, où tous les trois se réunissent à la Mietzel.

Lorsque les Prussiens parurent sur le flanc gauche de cette position, à Darmietzel, et remontèrent la rivière pour aller camper au moulin de Neudamm *aa*, les Russes placèrent dans cette direction un corps de troupes *k*, ayant devant lui le Hofebruch et une forte courbure de la Mietzel.

Telle était la position des deux armées dans l'après-midi du 24 août.

Le Roi se décida à diriger son attaque sur l'aile droite ennemie moins fortement protégée que l'aile gauche. Il pouvait ainsi se placer entre l'ennemi et Custrin, de manière à se retirer sur cette place en cas de besoin. Il fallait pour cela tourner complétement la position des Russes. Les moyens de passer la Mietzel furent disposés, pendant la nuit, au moulin de Neudamm. Les troupes, laissant à droite le village de Zicher, entrèrent dans les bois de Massin et, le 25 août, de très-bonne heure, toute l'armée se mit en mouvement sur trois lignes.

Fermor avait changé ses positions pendant la nuit et traversé le Zabergrund. Il se trouvait alors resserré dans un quadrilatère irrégulier, entre le Zabergrund et le village de Zicher, ayant derrière lui le Hofebruch et son front vers Wilkersdorf *bb*.

Les Prussiens débouchèrent du bois à Batzlow; ils marchèrent par Wilkersdorf sur Zorndorf, et le Roi, après avoir reconnu la nouvelle position de l'ennemi, jugea encore l'attaque contre l'aile droite la plus avantageuse. Les trois ravins marécageux, dont nous avons parlé et qui avaient fait décider le mouvement tournant, ne couvraient plus le front des Russes, mais lui étaient devenus perpendiculaires; de sorte que le front d'attaque devait forcément se diviser.

L'avant-garde prussienne traversa Zorndorf et ouvrit un feu très-vif contre l'extrême droite des Russes. Elle repoussa la première ligne de l'ennemi. Les deux premières lignes des Prussiens se joignirent au mouvement de l'avant-garde et marchèrent obliquement en refusant l'aile droite, destinée à n'entrer en ligne que plus tard. Presque toute la cavalerie, placée sous les ordres de Seydlitz, était à l'extrême gauche et derrière le Zabergrund, qui la séparait de l'infanterie qu'elle

devait soutenir. Dès le commencement du combat,
3 régiments de cuirassiers et 2 régiments de
dragons avaient reçu l'ordre de passer à l'aile
droite.

Le Roi s'aperçut que la cavalerie restait derrière le Zabergrund, à chaque instant plus éloignée de l'infanterie qui se portait en avant, et il
lui envoya l'ordre de suivre cette dernière. Seydlitz, qui voyait que le moment d'agir n'était pas
venu pour sa troupe et ne voulait pas l'exposer
inutilement au feu de l'ennemi, refusa par deux
fois d'obéir à l'ordre du Roi. Il répondit qu'il ne
voulait rien perdre de sa cavalerie, qu'il espérait
se trouver avec elle où et quand elle devrait donner, et qu'il se justifierait après la bataille. Frédéric lui fit dire une troisième fois qu'après la bataille sa tête répondrait de son refus d'obéissance.
« Dites au Roi, répondit tranquillement Seydlitz,
« qu'après la bataille il pourra disposer de ma
« tête, mais qu'il me permette jusque là de m'en
« servir pour lui. »

Cependant l'infanterie prussienne n'avait pas
suivi exactement la direction qu'elle avait reçue.
L'aile droite, destinée à soutenir l'attaque de l'aile
gauche, avait tourné trop rapidement le village de

Zorndorf, et par suite, au lieu d'être derrière la première ligne d'attaque qu'elle devait appuyer, elle se trouvait à sa hauteur.

Les quelques bataillons de l'aile gauche, n'étant plus soutenus, ne purent repousser la deuxième ligne russe comme ils avaient fait de la première. L'ennemi, au contraire, serré en masses profondes, se hâte de profiter de l'avantage que lui donne sa supériorité numérique ; son infanterie s'élance avec de grands cris, elle repousse l'infanterie prussienne, et la cavalerie russe vient compléter le désordre et met en fuite des bataillons entiers de l'aile gauche : 26 canons sont pris par les Russes.

Seydlitz. placé avec 36 escadrons de l'autre côté du Zabergrund, a suivi d'un œil attentif la marche du combat. L'ordre du Roi lui prescrivait de soutenir l'infanterie ; il s'agit maintenant d'arrêter l'ennemi dans sa victoire. Il saisit rapidement l'importance du moment ; il prend ses dispositions avec calme et les exécute avec une sûreté magistrale.

Les passages praticables du Zabergrund ont été reconnus ; les escadrons s'y engagent rapidement et se reforment de l'autre côté du ravin ; puis, à

un signal donné, ils s'élancent à l'encontre de
l'ennemi victorieux. Seydlitz a ordonné une double
attaque : lui-même, avec 2 régiments de hussards
et son régiment de cuirassiers, tombe sur la cavalerie russe, qu'il culbute, précipite dans les marais
et met en fuite ; tandis que les gardes du corps et
les gendarmes fondent sur l'infanterie russe, qui
résiste avec un courage inébranlable.

Seydlitz abandonne alors la cavalerie ennemie
qui fuit en désordre ; il reforme rapidement ses
escadrons et les tourne contre l'infanterie. En
même temps, 15 escadrons qui marchaient derrière l'aile gauche prussienne *g* se portent en avant.
Deux régiments de dragons, que le Roi envoyait
à l'aile droite et qui avaient déjà traversé Zorndorf, reçoivent contre-ordre pour venir prendre
part au combat le plus disputé et le plus sanglant
qui se soit jamais livré entre infanterie et cavalerie. Les Russes, serrés en masses compactes, ne
veulent ni céder ni demander merci. Les blessés
s'entassent sur les morts, et ceux qui restent de-
bout serrent toujours leurs rangs et luttent avec
une véritable rage. Les hussards de Zieten péné-
trent dans les masses ; ils sont enveloppés et ne
se dégagent qu'avec des efforts inouïs. Enfin

triomphe la cavalerie prussienne. Des bataillons entiers sont anéantis ; les fuyards sont sabrés, et il ne reste plus d'ennemis entre le Zabergrund et le Galgengrund.

Cependant le gros des Russes est encore intact derrière le Galgengrund, et protégé par le marais contre la cavalerie. Les cavaliers de Seydlitz ont le plus grand besoin de repos, après le terrible combat qu'ils viennent de soutenir, et le général les rallie derrière Zorndorf. Là, il reforme ses régiments et observe attentivement les phases de la bataille.

Le combait durait depuis 9 heures du matin, et il était près d'une heure quand la fatigue obligea les deux partis à suspendre la lutte pendant quelques minutes. L'infanterie de l'aile gauche prussienne était incapable de renouveler son attaque, et le Roi résolut de poursuivre le succès inespéré, obtenu par la cavalerie de Seydlitz, en engageant l'aile droite, restée jusqu'alors inactive. L'artillerie de cette aile se porta en avant et tira sur les troupes russes formées entre le village de Zicher et le Galgengrund ; les batteries de l'aile gauche vinrent bientôt joindre leur feu à celui de l'aile droite. Cependant les premières pièces, s'étant trop avan-

cées, furent attaquées et enlevées par la cavalerie
russe, qui se jeta ensuite impétueusement sur l'infanterie. Mais le Roi avait là ses meilleures troupes,
celles qu'il amenait de Silésie ; elles reçurent vigoureusement le choc et donnèrent à la cavalerie
prussienne le temps d'accourir et de repousser la
cavalerie russe, qui fut poursuivie jusqu'à Zicher.
Les canons enlevés par l'ennemi lui furent repris
et toute la ligne des Prussiens se reporta en avant.

Leur nombre permettait encore aux Russes
d'engager des troupes fraîches. Un nouveau corps
de cavalerie se porta aussitôt en avant et chargea
l'aile gauche des Prussiens. Les premiers bataillons, encore ébranlés par leur insuccès de tout à
l'heure, n'attendirent pas le choc et s'enfuirent en
entraînant les autres. 13 bataillons, qui s'étaient
bravement battus près de Gross-Jaegerndorf, furent
saisis d'une terreur panique et prirent la fuite du
côté de Wilkersdorf. La voix des chefs fut mécon-
nue, la présence du Roi impuissante ; et l'exemple
des bataillons silésiens qui restèrent fermes, cette
fois encore, fut inutile. Les Prussiens n'avaient
plus de réserve ; et l'immense vide formé par
cette fuite imprévue semblait ouvrir aux Russes
le chemin de la victoire. L'honneur de cette

sanglante journée devait cependant rester aux Prussiens.

Seydlitz est derrière Zorndorf avec sa cavalerie, infatigable et prête à tout, malgré les exploits de la journée. Il a réuni 61 escadrons. Il voit le danger de la situation et anime ses troupes. « En « avant, mes enfants ! » leur crie-t-il. — « En « avant ! » lui répondent les soldats pleins de confiance, et cette masse de cavalerie, électrisée par son chef, se jette dans le vide ouvert par l'infanterie et charge à fond sur l'ennemi. Les Russes, déjà désunis par leur poursuite de l'infanterie prussienne, ne peuvent soutenir ce choc terrible et leur cavalerie s'enfuit, dans le plus grand désordre, jusque dans les marais de Quartschen.

A ce moment, le Roi fait avancer son infanterie de l'aile droite contre la gauche *f* des Russes, mais les lignes ennemies, d'abord rompues, se reforment, et le succès de cet engagement reste incertain. C'est alors que Seydlitz, abandonnant la poursuite de la cavalerie, reforme rapidement ses escadrons; il les fait converser à gauche et les lance sur l'infanterie russe. La mitraille et la mousqueterie n'arrêtent pas les cavaliers prussiens qui pénètrent au milieu de l'ennemi dans une affreuse

mêlée. La cavalerie et l'infanterie des deux partis
sont confondues; on ne demande et l'on ne fait
point de quartier.

Enfin les Prussiens, d'une bravoure mieux
réglée et plus exercés à la guerre, restent maîtres
du terrain *hh*. Vers huit heures du soir, l'ennemi
était partout en retraite, en partie sur la Mietzel
dont il trouva les ponts coupés, en partie derrière
Zorndorf et dans les bois de Drewitz *ii*. Un seul
corps de toutes armes, réuni par le général
Demikoff, tenait encore sur le Fuchsberg, entre le
Galgengrund et le Zabergrund. Le Roi le fit attaquer de deux côtés à la fois, mais sans succès,
tant son infanterie était fatiguée et démoralisée.
Quelques bataillons, atteints par le canon russe,
prirent la fuite, d'autres restèrent à piller dans le
Galgengrund. — La cavalerie était paralysée par
le terrain marécageux. — Demikoff n'abandonna
sa position que dans la nuit.

Les Russes avaient encore des forces suffisantes
pour recommencer le lendemain un combat de
cavalerie et d'artillerie sans résultats; après quoi,
leur armée commença son mouvement de retraite
sur Landsberg, dans la nuit du 27 août.

Une victoire aussi disputée coûta aux Prussiens

de grands sacrifices : ils avaient 12.000 hommes tués ou blessés dont 324 officiers. La perte des Russes fut plus considérable, mais moins sensible à cause de leur nombre : 21,000 hommes et 941 officiers. Les prisonniers étaient peu nombreux, et presque tous grièvement blessés. Les Prussiens avaient perdu 26 canons et en avaient enlevé aux Russes 103. 27 drapeaux étaient les trophées du vainqueur. Les pertes avaient été presque exclusivement faites par l'infanterie.

La victoire était due à la cavalerie. Cette arme avait atteint l'apogée de sa gloire, et jamais depuis, dans les guerres modernes, son action ne fut aussi décisive qu'à Rossbach et à Zorndorf. C'est au courage, à l'élan et à la persévérance que la cavalerie devait ses succès. Elle lutta victorieusement contre chaque arme, et jusqu'à deux et trois fois dans la même journée. Aucun escadron n'avait faibli, aucun n'avait hésité. Chaque attaque, toujours faite à propos, réussit et fut décisive.

Zorndorf élevait Seydlitz au-dessus de tous et l'on prononçait son nom avec enthousiasme. Après la bataille, le Roi embrassa le héros ; il le remercia dans les termes les plus vifs et lui dit avec ce charme irrésistible qu'il savait mettre dans

ses paroles : « Encore une victoire que je vous
dois. » — Seydlitz lui répondit avec émotion :
« Non pas à moi, Sire, mais aux braves gens que
« je commande. La cavalerie de Votre Majesté a
« gagné la victoire et mérite les plus grands éloges.
« Je citerai surtout le capitaine de Wakenitz qui
« s'est battu comme un lion et a fait des prodiges. »

Wakenitz était, ce jour-là, comme le plus ancien
commandant d'escadron, à la tête du régiment
de gardes du corps qui s'était montré si brillant
dans l'attaque de l'infanterie russe. Le Roi le fit
aussitôt lieutenant-colonel, et nomma majors les
deux autres capitaines commandants du même
régiment, de Posadowsky et de Schaetzel. Beaucoup d'autres officiers, proposés par Seydlitz pour
des récompenses, obtinrent de l'avancement ou
l'ordre du Mérite.

Après la bataille, le ministre d'Angleterre, Sir
Andrew Mitchell, qui accompagnait le Roi à la
guerre, vint le trouver au milieu de ses généraux :
« Sire, lui dit-il, le ciel nous a donné une belle
« journée. » Le Roi, encore tout ému, lui répondit,
en montrant Seydlitz : « Sans lui les choses
« auraient mal tourné pour nous. »

On raconte que le Roi avait d'abord nommé

major le capitaine de Wakenitz et ne le fit lieutenant-colonel que sur les observations de Seydlitz.
qui ne trouvait pas la récompense suffisante. Ce
dernier n'étant pas encore satisfait et insistant
pour obtenir davantage, le Roi lui répondit avec
impatience : « Je ne puis pourtant pas le nommer
« général! » — La différence du point de vue où
l'on est placé explique, dans un cas semblable, la
différence d'appréciation, sans qu'on ait le droit
de reprocher, d'un côté, la demande d'un avancement exagéré, et de l'autre, une injustice. Nous
trouvons ici Seydlitz, aussi bien que le Roi, chacun
dans son rôle et les dissentiments qui surgirent
plus tard entre eux, à l'occasion de propositions
rejetées par Frédéric, n'avaient point de raison
d'être à propos de Wakenitz.

Nous devons rappeler en quelques mots un
incident de la bataille de Zorndorf. Le Roi, dans
son *Histoire de la guerre de Sept-Ans*, dit avoir
ordonné à Seydlitz l'attaque qui décida le succès
de la journée. Toutes les autres relations de la
bataille sont unanimes à reconnaître que Seydlitz
n'agit que d'après sa propre inspiration. Il est
facile de concilier les deux versions. Nous avons
dit nous-mêmes que, dès le commencement du

combat, le Roi avait donné à Seydlitz l'ordre de se porter en avant; le rôle de la cavalerie était donc tracé d'une manière générale et l'on peut admettre que le mouvement de Seydlitz avait été ordonné par le Roi. Il est cependant certain qu'il choisit, pour attaquer, le point et le moment favorables, et c'est là qu'est son mérite. L'expression de Frédéric s'applique au commencement de la bataille sans nier les événements postérieurs. Ajoutons cependant que le Roi raconte d'une manière très-succincte la bataille de Zorndorf, et qu'il confond en une seule les attaques successives de la cavalerie. L'on est donc forcé d'admettre que Frédéric n'a pas voulu s'étendre plus longuement sur les divers épisodes de la bataille parce qu'il lui était trop pénible d'avoir à parler de la conduite honteuse d'une partie de son infanterie.

VIII

HOCHKIRCH — KUNERSDORF

Sans inquiéter les Russes dans leur retraite, le
Roi se hâta de ramener en Saxe son armée victorieuse, afin de dégager le prince Henry, que
pressaient vivement les Autrichiens de Daun. Le
Roi marcha rapidement sur la basse Lusace, en
même temps qu'il rappelait de Silésie les troupes
de Keith et du margrave Charles. Il se réunit à
Dresde avec le prince Henry, et eut bientôt sous
la main toutes ses forces.

Malgré sa supériorité, Daun ne se souciait point
de livrer bataille, et Frédéric espérait pouvoir le
forcer à passer en Bohême. Inquiété par les mouvements du Roi, Daun avait pris une forte position à Kittlitz, entre Bautzen et Loebau, et, le
16 octobre, Frédéric vint établir son camp à
Hochkirch, presque sous le canon de l'ennemi.

Trompé par de fausses nouvelles, le Roi croyait que Daun allait continuer son mouvement de retraite, et il refusa d'écouter les observations de Keith et des autres généraux sur le danger de la position qu'il avait choisie. Frédéric avait résolu de se mettre en mouvement le 14 au soir, et il se croyait sûr de ne pas être inquiété. Le 13, Seydlitz et Zieten, qui n'étaient pas de cet avis, firent au Roi les représentations les plus pressantes. Il les reçut fort mal. Ces généraux demandaient au moins de tenir les troupes sous les armes pendant la nuit suivante; il s'y refusa et ordonna, au contraire, à sa cavalerie de desseller. — Zieten ne fit point exécuter cet ordre, et Seydlitz, de son côté, prit sur lui de tenir sa troupe prête à tout événement.

En effet, malgré le soin avec lequel il évitait d'habitude le voisinage du Roi, Daun conserva cette fois ses positions. Il voulut profiter de l'insolente sécurité de son adversaire, et l'attaqua, dans la nuit du 14 octobre, avec toutes ses forces. Les Prussiens avaient tant de désavantage qu'il fallut la rapidité avec laquelle ils savaient se préparer au combat, et leur bravoure héroïque, pour éviter un désastre complet. L'obscurité de la nuit augmenta tout d'abord le désordre dans le camp prussien. Les pertes en hommes et en canons furent considérables. Keith est blessé à mort; le prince François de Brandebourg est emporté par un boulet; le prince Maurice de Dessau est grièvement blessé. — Les bataillons tombent sans plier. Le major de Lange et le lieutenant de Marwitz défendirent le cimetière de Hochkirch avec une ténacité insurmontable. Le Roi ramena à l'attaque toutes ses troupes; mais la victoire ne pouvait déjà plus être enlevée à l'ennemi.

Le rôle de la cavalerie n'était rien dans un pareil combat, cependant celle des Prussiens y prit part; elle eut même plusieurs engagements heureux, mais qui ne pouvaient changer les choses de face. Le Roi avait près de lui Seydlitz et le margrave Charles quand on vint lui annoncer que quelques bataillons étaient prêts pour une dernière tentative. Le Roi se tourna vers eux pour avoir leur avis, mais les deux généraux restèrent silencieux, et Frédéric abandonna une attaque désormais inutile.

La retraite se fit en bon ordre jusqu'aux hauteurs de Kreckwitz, protégée par la cavalerie, qui, réunie sous les ordres de Seydlitz, et couverte au loin par quelques escadrons, prit position sur deux lignes dans la plaine de Belgern, et vint ensuite camper en deuxième ligne entre Klein-Bautzen et Kreckwitz. A la tête de ses cavaliers, Seydlitz inspirait à l'ennemi un si grand respect que ce dernier n'essaya aucune poursuite.

Les Prussiens perdirent dans ce combat plus de 100 canons, 28 drapeaux, 2 étendards et la plus grande partie des tentes. Le quart de l'effectif manquait au drapeau, et les Autrichiens, dont la perte était beaucoup moindre, restaient avec des forces triples de celles du Roi.

Les sages mesures prises par Frédéric dans sa retraite, et sa hardiesse de s'arrêter aussi près d'un ennemi victorieux, empêchèrent que la défaite d'Hochkirch n'eût des conséquences plus funestes. Le Roi songea aussitôt à prévenir son adversaire. Il chargea le prince Henry d'observer Daun, et, trompant celui-ci sur ses projets, il marcha le 24 octobre sur Goerlitz, pour aller en Silésie dégager la forteresse de Neisse, assiégée par les Autrichiens. Sa présence rétablit promptement ses affaires, et, le 7 novembre, il reprenait la route de la Saxe pour combattre Daun. Le 17, il apprit, en Lusace, que l'ennemi était rentré en Bohême ; et, après un court séjour à Dresde, il retourna en Silésie pour hiverner à Breslau.

Pendant ces marches, dont la rapidité et le succès étonnent, Seydlitz accompagna toujours le Roi. Il passa l'hiver auprès de lui, s'occupant sans relâche de la cavalerie qu'il commandait.

Pour la campagne de 1759, Frédéric n'avait que des ressources insuffisantes à opposer aux efforts de ses ennemis, mais son génie sut en tirer un parti immense. La supériorité extraordinaire de sa cavalerie lui donna l'idée de l'employer au service de l'artillerie, et, au mois de mai 1759, eut lieu à Laudshut le premier essai de l'artillerie à cheval, qui fut depuis introduite dans toutes les armées de l'Europe.

Pour faire face à ses ennemis, le Roi avait été forcé de disséminer ses forces ; lui-même, à la tête de l'armée de Silésie, fut contraint de rester sur la défensive pendant le commencement des hostilités. Son but était de détruire les magasins de l'ennemi. Le prince Henry, qui occupait la Saxe, était chargé de ce rôle en Bohême et en Franconie, et le général de Fouqué entra le 16 avril en Moravie avec une mission semblable. Seydlitz, qui était jusqu'à ce moment resté à Frankenstein,

pour servir de jonction entre Fouqué et le Roi,
marcha sur Troppau avec 3 bataillons et 22 escadrons, et fit une centaine de prisonniers. Cependant, les Autrichiens avaient transporté leurs magasins à Olmutz et rassemblé derrière Troppau un
corps de troupes respectable. Cela décida Fouqué
à regagner, le 21, son camp de Leobschutz, pendant que Seydlitz rejoignait l'armée royale.

Dans les marches et contre-marches néces-
saires pour inquiéter l'ennemi, la cavalerie était
toujours en mouvement. Sur la nouvelle qu'un
corps autrichien cherchait à traverser la Lusace
pour marcher sur Kotbus et Berlin, et se réunir
aux Russes, derrière l'Oder, Seydlitz marcha en
toute hâte sur Sagan, le 18 mai, et se réunit aux
généraux de Puttkammer et de Wobersnow, pour
observer le pays. Il rejoignit ensuite le Roi quand
le prince Henry, après avoir fait une pointe en
Franconie, fut revenu en Saxe.

Seydlitz était spécialement chargé d'observer
les mouvements de l'ennemi et d'en informer le
Roi. Le 30 juin, il annonça de Hirschberg que
Daun se disposait à quitter son camp de Schurz
pour marcher sur Gitschin, et que Laudon se dirigeait sur la Lusace avec un corps d'armée. Il

était clair que les Autrichiens cherchaient à se réunir aux Russes, et Frédéric se hâta de se jeter entre eux.

Seydlitz, qui marchait en avant-garde, passa le Bober le 3 juillet et campa à Hussdorf, près de Laehn. Le 4, se montrèrent les cavaliers de Laudon, qui furent culbutés malgré la supériorité de leur nombre et laissèrent une centaine de prisonniers. Laudon lui-même faillit être pris. Bien qu'il n'eût pas de conséquences sérieuses, ce combat fit le plus grand honneur à la cavalerie prussienne. Seydlitz signala la conduite des officiers et particulièrement celle du lieutenant Kordshagen, des hussards de Zieten, qui s'était déjà distingué sous les yeux mêmes du Roi, dans la campagne précédente. Daun s'établit, le 6 juillet, dans une forte position, sur les hauteurs de Mark-Lissa et le Roi fit le 10, à Schmottseiffen, entre Lœwenberg et Laehn, un camp retranché dans lequel Seydlitz entra avec sa cavalerie.

Les Russes, sous les ordres du feld-maréchal Soltikoff, ayant pénétré en Silésie sans que le général comte de Dohna pût les arrêter, le Roi envoya le général de Wedell prendre le commande-

ment en chef des troupes et lui conféra des pou-
voirs illimités. Le lendemain de son arrivée, le 23
juillet, Wedell fut battu à Kay, près de Zullichau.
et les Russes s'avancèrent jusqu'à l'Oder. Daun
avait, de son côté. détaché deux corps de troupes,
sous les ordres de Haddik et de Laudon, destinés
à se mettre en communication avec l'armée russe.
Haddik devait protéger la marche, et Laudon se
réunir aux Russes. Ces deux corps autrichiens se
rencontrèrent à Guben. le 1ᵉʳ août. Laudon continua sa route et, le 3, il atteignit Soltikoff qui avait
déjà occupé Francfort et fait un camp fortifié sur
la rive droite de l'Oder. Haddik, averti de l'approche du Roi, jugea prudent de se retirer sur la
Sprée.

En effet. Frédéric. en apprenant les mouvement dont nous venons de parler, avait rappelé
le prince Henry avec ses meilleures troupes pour
lui confier le camp de Schmottseiffen et la mission
de surveiller Daun, et s'était dirigé sur Francfort
le 29 juillet. Son avant-garde rencontra, à Guben,
des cavaliers de Haddik qu'elle battit et poursuivit
jusqu'à Sommerfeld. Un bataillon autrichien, qui
escortait 4 canons et 500 voitures. fut fait prisonnier par un escadron de dragons dont Seydlitz

n'avait pas dédaigné de prendre lui-même le commandement.

Le 6 août, à Mullrose, le Roi rallia les troupes battues de Wedell; il attendit jusqu'au 9, dans son camp de Boossen, l'arrivée d'un corps qu'amenait de Saxe le général de Finck et, se trouvant alors à la tête de 48,000 hommes, il se crut assez fort pour battre les Austro-Russes qui occupaient à Kunersdorf une position fortifiée, tout près de Francfort. Frédéric désirait livrer bataille sans perdre un instant, parce qu'il croyait les Autrichiens de Daun en marche sur Kotbus.

Le Roi laissa près de Francfort 3 bataillons sous les ordres du colonel de Wunsch, et passa sur la rive droite de l'Oder, dans la nuit du 10 au 11 août. L'infanterie traversa le fleuve sur deux ponts jetés au-dessous de Lebus, à Reitwen; la cavalerie passa au gué d'Oetscher.

Seydlitz faillit s'y noyer. — Il montait habituellement de petits chevaux polonais qu'il remplaça ce jour-là par un grand cheval du Holstein, à cause de la profondeur de la rivière. Sa nouvelle monture dépassait en effet le niveau de l'eau, mais elle s'abattit sur le fond inégal du fleuve, et son cavalier fut sur le point de se noyer.

7 bataillons et 5 escadrons restèrent à Gœritz
pour garder les ponts et le Roi marcha à l'ennemi
avec le reste de ses troupes.

Les Russes *bb*[1] occupaient des hauteurs escarpées,
le long de la chaussée que suit la route de Francfort
à Krossen. En avant de leur front, tourné vers le
nord, couraient la vallée de l'Oder et un ravin
nommé l'Elsenbruch. Leur gauche était appuyée
au Judenberg, près du fleuve. Leur droite, au
Muhlberg, vers Trettin et Bischofssee; elle était
couverte par le ravin du Baeckergrund et, plus
loin, par des bas-fonds marécageux où se trouvent
de petits lacs dont les eaux coulent lentement vers
l'Oder par un ruisseau appelé le Huhnerfliess.

Les hauteurs s'abaissent vers le sud, mais le
terrain est encore difficile. De ce côté, l'horizon
peu étendu est borné par la forêt de Francfort et
de Neuendorf. L'espace compris entre ce bois et
et l'Elsenbruch est traversé par un ravin qui renferme d'abord des étangs marécageux, dans lequel
est situé le village de Kunersdorf, et qui coupe
enfin les hauteurs en formant un défilé profond
appelé le Kuhgrund. Un deuxième ravin, plus

[1] Voir le plan de la bataille de Kunersdorf.

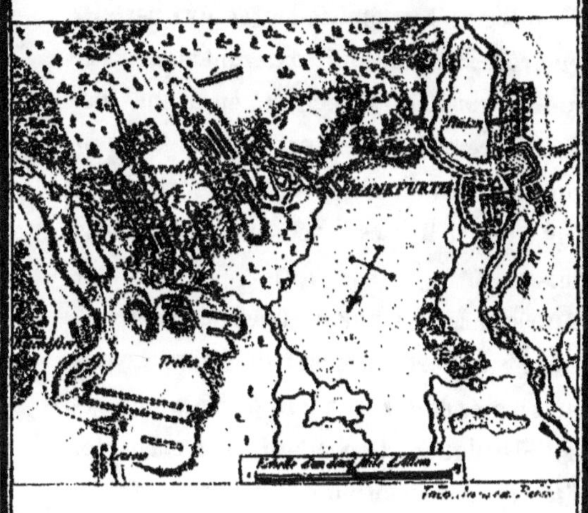

BATAILLE DE KUNERSDORF.
12 Août, 1759.
FRANKFURTH
Prussiens:
Alliés:

profond et plus large que celui-ci, et qui fut appelé Laudonsgrund, après la bataille, coupe les hauteurs près du Judenberg.

Les Russes avaient fortifié ces hauteurs accidentées. Leur droite, sur le Muhlberg, était protégée par une espèce de fort étoilé. De ce fort partait, de chaque côté, un fossé qui se terminait, en arrière, au Kuhgrund, et s'étendait, en avant, jusqu'au Judenberg et à l'Oder, en laissant Kunersdorf en dehors. Dans cette enceinte fortifiée se trouvaient 70,000 Russes avec une nombreuse artillerie.

Les Autrichiens de Laudon étaient dans la vallée, près de Francfort, en avant de la gauche des Russes et séparés de ces derniers par le prolongement de l'Elsenbruch. Cependant, une chaussée, construite exprès, conduisait de leur position dans le Laudonsgrund.

Soltikoff s'attendait à voir les Prussiens marcher sur Francfort et, dès qu'il connut leur passage de l'Oder, à Reitwen, il changea de position. Il fit front vers Kunersdorf et la forêt de Nauendorf et de Francfort, tournant le dos à la vallée de l'Oder. Sa gauche était maintenant appuyée au Baeckergrund, et sa droite, au Judenberg. Les travaux de défense ne gênèrent en rien ce changement de front, à cause de leur double direction, et la position des Russes n'en devint que plus forte. La configuration du terrain et ce changement de front des Russes avant la bataille rappelaient les circonstances de celle de Zorndorf, mais le résultat devait être bien différent.

Le 11, au soir, les Prussiens s'avancèrent jusqu'à Leissow *aa*. Ils y bivouaquèrent pendant quelques heures et se remirent en mouvement le 12, à 2 heures du matin. Le Roi reconnut, des hauteurs de Trettin, la position ennemie, et il résolut d'attaquer l'aile gauche. L'armée devait traverser les ravins situés devant elle, se porter ensuite à gauche, franchir le Huhnerfliess, passer entre les lacs, s'engager dans les bruyères de Neuendorf, puis attaquer le point désigné. Pendant ce temps, le général de Finck *cc*, restant sur la droite avec 8 bataillons et 35 escadrons, occupait les hauteurs de Trettin et devait faire diversion par une vive canonnade.

Le Roi avait une connaissance imparfaite du terrain. Les ravins qui traversaient la position des Russes lui étaient cachés, ainsi que les étangs de Kunersdorf. Il n'était pas mieux renseigné sur l'éloignement et les difficultés des chemins qui existaient dans la forêt. Après l'avoir traversée, toute l'armée *dd* devait se déployer dans la plaine, l'infanterie sur deux lignes, la cavalerie à la gauche. La chaleur était étouffante. Les troupes avaient pris fort peu de repos et se fatiguèrent beaucoup dans les chemins sablonneux de la forêt. Elles reçurent une distribution d'eau-de-vie qui ne suffit point pour réparer les forces des soldats. Il était près de midi quand l'attaque commença. Deux batteries *df*, que le Roi avait placées sur les hauteurs les plus rapprochées de la gauche des Russes, ouvrirent un feu très-vif, et, soutenues par l'artillerie de Finck *c*, elles foudroyèrent l'ouvrage étoilé et enfilèrent les lignes ennemies qui souffrirent beaucoup de leur feu. Les Russes y répondirent avec près de 100 pièces de canon qu'ils avaient réunis à leur gauche.

Le feu ne durait pas depuis une demi-heure quand les grenadiers prussiens s'élancèrent à l'assaut. Le général de Schenkendorf, à la tête de 4 bataillons *h*, escalada le premier les retranchements ennemis. Le général de Lindstedt suivit avec 4 autres bataillons, puis l'infanterie sur deux lignes. L'infanterie russe prise en flanc et ne pouvant se déployer dans un espace trop étroit, engagea ses régiments l'un après l'autre et fut repoussée avec de grandes pertes. Les Prussiens enlevèrent 70 canons. L'infanterie de Finck, traversant le Huhnerfliess, pénétra dans les positions des Russes *l* et augmenta leur désordre.

Cependant l'aile gauche des Prussiens, après s'être emparée du cimetière de Kunersdorf par un combat opiniâtre, se trouva tout à coup arrêtée par les étangs situés entre ce village et le bois. Le Roi voulut faire avancer son artillerie et continuer l'attaque avec force pour achever de tourner l'ennemi ; mais la marche des pièces était fort pénible à travers le terrain sablonneux, et, la chaleur aidant, bêtes et gens refusèrent d'avancer. Les bataillons prussiens, n'étant plus soutenus, firent halte pour se remettre en ordre et reformer leur ligne d'attaque.

Les Russes mirent à profit ce temps d'arrêt pour faire avancer de nouvelles troupes et porter à l'aile gauche toute l'artillerie disponible à l'aile droite. Ils formèrent trois lignes d'infanterie *l* et garnirent d'artillerie tous les points dominants, depuis le Judenberg jusqu'à Kunersdorf. Laudon, de son côté *m*, porta sur le champ de bataille quelques régiments autrichiens.

Dès que l'artillerie prussienne eut réussi à se porter en avant, elle engagea une vive canonnade et l'infanterie recommença l'attaque. Le Roi conduisait lui-même la première ligne. — Les Russes restèrent inébranlables, et leurs feux causèrent de grands ravages dans les rangs prussiens. Les balles pleuvaient autour du Roi. Seydlitz le supplia de ne pas s'exposer sans nécessité, mais Frédéric lui répondit avec impatience : « Ce sont les mouches qui volent ».

Le combat continuait indécis, au milieu des efforts des deux armées. Le Roi, impatient, ordonna alors à la cavalerie, réunie à l'aile gauche, d'attaquer. Seydlitz et le prince de Wurtemberg portèrent leurs escadrons *e* en avant des marais de Kunersdorf. Arrivés là, ils s'arrêtèrent, l'espace manquant pour se déployer, et le moment n'était pas favorable pour une charge de cavalerie. Le Roi, les voyant immobiles, envoie par deux fois à Seydlitz l'ordre d'attaquer. Seydlitz répond deux fois que ni le lieu, ni le moment ne sont opportuns. Le Roi envoie un troisième aide de camp et fait dire à Seydlitz qu'il ait à charger « *au nom du Diable !* ».

Seydlitz n'hésite plus et s'élance contre les retranchements russes à la tête d'un régiment de cuirassiers. Mais là vient se briser l'impétuosité des cavaliers prussiens qui tombent dans des trous de loup et sont foudroyés par la mitraille. Seydlitz reçoit un biscaïen qui lui brise la main droite ; il est renversé de cheval et emporté du champ de bataille. Le Roi envoie aussitôt un aide de camp s'informer de sa blessure ; et Seydlitz, dépité de l'insuccès qui lui a été ordonné, et se rappelant l'expression du Roi, lui fait dire que ce n'est qu'une mouche qui l'a piqué.

La cavalerie renouvela plusieurs fois ses attaques par quelques régiments à la fois, le terrain ne lui permettant pas de se déployer, mais ce fut toujours sans succès. Le prince de Wurtemberg, dont la vue était fort basse, reçut du Roi le reproche d'avoir choisi pour point d'attaque le cimetière retranché des Juifs, qui se trouvait être la position la plus forte des Russes. On raconte que ce prince dit à Seydlitz : « Si j'avais pu enlever cette position, la bataille était gagnée. » — « Je le crois, répondit

Seydlitz, mais qui a vu la cavalerie enlever seule des ouvrages de fortification ? ».

La cavalerie prussienne, écrasée par un feu meurtrier, se replie avec de grandes pertes ; une attaque de flanc de la cavalerie ennemie achève sa défaite et elle vient se reformer derrière les étangs de Kunersdorf et la deuxième ligne. Celle-ci reçoit alors l'ordre de se porter en avant de Kunersdorf et d'enlever les batteries russes. Le Roi lui-même conduit les troupes et le combat continue avec une nouvelle énergie.

Les diverses relations se contredisent sur les derniers événements de la bataille et ne permettent pas de s'en former une idée bien exacte. D'après la version la plus probable, les Prussiens traversèrent le Kuhgrund, s'avancèrent jusqu'au Laudonsgrund et forcèrent les Russes à abandonner la grande batterie du Spitzberg. Le Roi, décidé à battre l'ennemi complétement ce jour-là, voulut tenter un dernier effort pour enlever le Judenberg, ce qui lui assurait la victoire. Le général de Finck fit observer au Roi qu'il devait se contenter de la défaite de l'aile gauche ennemie, qu'il était imprudent de renouveler un combat d'un succès douteux avec des troupes épuisées ; que les Russes abandonneraient probablement leurs positions la nuit suivante. Seydlitz, ainsi que la plupart des généraux, étaient de cet avis, mais le Roi ne voulut rien entendre. Il voulait détruire l'ennemi auquel le colonel de Wunsch, en s'emparant de Francfort pendant la bataille, avait fermé la retraite sur l'Oder. Cette circonstance même rendit plus acharnée la résistance des Russes, qui ne voyaient de salut que dans la victoire.

Est-il certain que les Prussiens aient franchi le Kuhgrund et poussé jusqu'au Laudonsgrund l'attaque du Judenberg? Tempelhof le nie. — La relation du Roi qui l'affirme renferme une erreur de lieu flagrante. — La version de Gaudi s'accorde avec celle du roi; mais Netzow dit comme Tempelhof. — Quoi qu'il en soit, ce fut un des ravins dont nous avons parlé qui arrêta le mouvement victorieux des Prussiens et favorisa la résistance des Russes.

Dans ce moment critique, la marche en avant de Laudon *m* changea les choses de face. Ces troupes fraîches, attaquant sur le flanc droit les bataillons prussiens, épuisés et désorganisés par le combat, les firent reculer. En vain le Roi appela en toute hâte à l'aile droite la cavalerie de l'aile gauche et

lança le prince de Wurtemberg, à travers l'Elsenbruch, sur le flanc gauche des Autrichiens. La
cavalerie fut repoussée et le prince blessé. Malgré
les efforts du Roi, l'infanterie lâcha pied et la fuite
devint bientôt générale. Les Russes, remis de leur
échec, attaquèrent à leur tour; ils reprirent leurs
canons et enlevèrent aux Prussiens 172 pièces
d'artillerie, 26 drapeaux, 2 étendards et la victoire.

Plus de 18,000 Prussiens, la moitié de l'infanterie, le quart de la cavalerie, furent tués ou
blessés. La perte des Austro-Russes fut de près
de 16,000 hommes. Jamais les armes prussiennes
n'avaient subi une défaite aussi sanglante et aussi
complète. Un instant le Roi se crut perdu, mais
le vainqueur était étourdi de sa victoire. Les généraux alliés, désunis et irrésolus, ne surent pas
poursuivre leurs avantages et le Roi mit à profit
leur négligence pour se refaire une armée.

Les relations prussiennes de la bataille de Kunersdorf ont dit que la cavalerie avait échoué parce que
la blessure de Seydlitz l'avait privée de son chef.
Cette opinion montre quel était le mérite de Seydlitz aux yeux du Roi, et tout ce qu'on attendait
de lui. Cependant, on doit admettre que la cavalerie

avait peu de chose à faire dans cette circonstance. Le terrain ne lui permettait point de se déployer et ses attaques successives contre des retranchements fortement défendus ne pouvaient réussir. On voudrait croire, en Prusse, que le héros de Zorndorf eût pu être celui de Kunersdorf; mais lui-même vit les choses d'un autre œil dès le commencement de la bataille et n'eut jamais la même confiance.

IX

MARIAGE DE SEYDLITZ

La blessure de Seydlitz était grave. Peu de temps après il eut une légère attaque d'apoplexie qui lui ôta pendant quelques jours l'usage de la parole. Il fut transporté à Berlin où les soins d'un chirurgien habile guérirent sa blessure ; mais son état général de santé resta longtemps mauvais. Il ne put prendre part aux rudes travaux de la fin de la campagne de 1759, qui se prolongea fort avant dans l'hiver, et dans laquelle Frédéric rétablit ses affaires d'une manière si merveilleuse.

Le Roi regretta souvent l'absence de Seydlitz. Il lui fit remettre par le marquis d'Argens, en même temps qu'à son frère, le prince Ferdinand, un exemplaire de ses *Considérations sur les campagnes de Charles XII.* — « Cette *petite attention,* disait le Roi au marquis d'Argens, leur fera plaisir. »

Il écrivit lui-même à Seydlitz de son quartier général de Freiberg pour s'informer de sa santé. Le général fut rétabli avant la fin de la campagne et il eut le temps d'accomplir un événement qui devait lui devenir fatal.

Dans les liaisons faciles qui l'avaient occupé, Seydlitz n'avait jamais fait preuve d'une grande constance en amour. Une seule fois, il s'était épris d'une jeune personne au point de songer à demander sa main. Un accident empêcha ce mariage. La jeune fille qu'il aimait, étant un jour au clavecin, voulut se lever pour prendre de la musique et tomba si malheureusement qu'elle se brisa le pied. La guérison fut longue, et les médecins déclarèrent que la malade resterait boiteuse toute sa vie. La jeune personne ne crut point alors convenir à un homme aussi actif et aussi brillant que Seydlitz, et elle refusa de l'épouser. — Grâce à la guerre, le général avait oublié peu à peu cette inclination.

Dans les loisirs forcés que lui donnait sa blessure, au milieu d'une société brillante, entouré d'hommages et de marques d'intérêt, Seydlitz subit le charme d'un autre attachement auquel il se livra sans résistance.

Suzanne-Albertine de Hacke, fille d'un lieutenant général qui avait commandé Berlin, brillait alors à la cour par sa beauté et sa grâce. L'attention flatteuse qu'elle témoigna au héros blessé eut bien vite enchaîné Seydlitz et il résolut de l'épouser. Le 12 mars 1760, il en demandait la permission au Roi, et, soupçonnant que ce dernier ne verrait pas d'un très-bon œil cette détermination, en présence des événements militaires qui se préparaient, il lui donnait assez naïvement les raisons qui le poussaient à se marier.

« Je supplie humblement Votre Majesté Royale,
« écrivait-il au Roi, de me permettre d'épouser la
« jeune comtesse de Hacke, la veille du jour que je
« partirai pour l'armée. Le désir de ne pas être
« abandonné aux soins des domestiques, à la pre
« mière blessure que je recevrai, n'est pas le
« moindre motif qui m'engage à solliciter cette
« faveur du Roi. Si mon zèle pour son service
« pouvait être augmenté, il le serait par cette
« grâce. »

Frédéric écrivit au dos de la lettre, et de sa propre main : « Je lui souhaite le bonheur ». — Le mariage fut cependant retardé jusqu'au 18 avril.

Aussitôt après, Seydlitz quitta sa jeune femme

et rejoignit le Roi à Leipzig. Le 25 avril, Frédéric plaça son armée dans le camp de Meissen pour observer Daun.

Seydlitz n'avait pas encore recouvré complétement l'usage de sa main, et une paralysie des mâchoires l'obligeait à porter un bandage et lui permettait difficilement de parler à haute voix. Malgré cela il avait offert ses services au Roi, en l'assurant qu'il saurait faire son devoir au jour du combat. Comme les dispositions que prenait le Roi faisaient prévoir une bataille prochaine, Seydlitz insista pour obtenir la position qu'il occupait dans la campagne précédente. Le Roi lui répondit qu'il n'avait point l'intention de livrer bataille et qu'il l'en informerait dès qu'il croirait devoir le faire. Le jour suivant, les dispositions continuèrent, et en voyant le Roi donner des instructions à ses généraux pour le cas d'une attaque, Seydlitz fut blessé d'être mis de côté et de n'avoir point de rôle assigné.

Il n'y eut réellement point de bataille et il est probable que le Roi ne voulait pas fatiguer Seydlitz sans nécessité. Il est possible cependant qu'il ne le crut plus aussi vigoureux. Seydlitz, ne pouvant supporter d'être mis à l'écart, dit avec humeur qu'il voyait bien que le Roi n'avait plus besoin de lui. Il demanda et obtint la permission de retourner à Berlin. L'armée le vit partir avec peine, la cavalerie surtout qui avait en lui une confiance absolue.

Alors éclata entre le Roi et Seydlitz une mésintelligence qui s'était déjà secrètement préparée en plusieurs circonstances.

Les relations entre un souverain, commandant d'armée et ses généraux sont difficiles, de part et d'autre, à établir et à maintenir telles qu'elles doivent être. Le prince ne peut acquérir pour lui-même la plus grande gloire de l'homme, la gloire militaire, qu'en descendant au rang de ses compagnons d'armes et en partageant leurs dangers. D'un autre côté, c'est lui qui récompense et accorde les plus insignes faveurs, ce qui l'expose à l'inconvénient d'exciter des mécontentements et la jalousie.

Le Grand Frédéric n'eut pas moins que les autres souverains militaires à se débattre au milieu des difficultés de cette position, sans qu'on puisse l'en accuser plus que ses généraux. Par caractère, il était reconnaissant envers ceux-ci des services qu'ils lui rendaient ; il appréciait leur mérite, et se faisait volontiers leur ami personnel. Cependant, l'impression du moment et certaines situations difficiles amenaient quelquefois le Roi à exercer sévèrement la discipline militaire. Des espérances déçues, une défaite, pouvaient bien aussi faire sortir de sa bouche des reproches injustes et des paroles amères.

Seydlitz avait joui jusqu'ici de la faveur du Roi, et il devait cet avantage à son caractère autant qu'à son mérite. Il était silencieux, discret, modeste et réservé avec ses chefs, digne et ferme avec ses inférieurs. Il ne commettait ni ne laissait commettre d'injustice. Frédéric avait pour lui une considération toute particulière. — Cette bonne intelligence fut troublée pour la première fois.

On ne pouvait reprocher à Seydlitz l'insuccès de la cavalerie à Kunersdorf; au contraire, le Roi s'en exprima hautement avec ses généraux dans les termes les plus flatteurs pour lui. Cependant, dans la longue lutte que Frédéric eut à soutenir pour se relever du coup que lui avait porté cette journée funeste, il dut souvent accueillir cette pensée que la cavalerie aurait pu faire davantage à Kunersdorf, et que Seydlitz n'y avait pas montré son énergie habituelle. L'état de santé du général qui priva le Roi de ses services lorqu'il en avait le plus grand besoin; son mariage qui ne pouvait augmenter ni son zèle, ni son énergie, ne devaient pas être vus par Frédéric d'un œil favorable.

On ne saurait admettre, d'après la version partiale de Warnery, que le Roi ait été fâché de voir donner, dans la relation de la bataille de Kunersdorf, la blessure de Seydlitz comme une des causes de la défaite, et qu'il ait ensuite voulu prouver qu'il pouvait vaincre sans lui. Il est au contraire certain que, loin de vouloir le mettre à l'écart et le blesser, le Roi ne désirait que ménager son général encore malade et dont il n'avait pas un besoin urgent. Seydlitz prit la chose de travers et se retira en murmurant, ce qui n'était point de nature à calmer la mauvaise humeur de Frédéric. Toutefois, cette mésintelligence ne s'exhala point en paroles et resta suffisamment voilée sous les formes du respect et des convenances.

Le Roi conduisit son armée en Silésie afin d'empêcher la réunion des Autrichiens et des Russes. La Prusse courut alors le plus grand danger, et il fallut au Roi toute l'habileté de ses généraux et la bravoure de ses soldats pour tenir la campagne contre les forces supérieures qui l'attaquaient de deux côtés à la fois.

Dans ces circonstances difficiles, Frédéric battit les Autrichiens à Liegnitz, le 15 août 1760. Cette victoire eut une grande importance, bien qu'elle ne terminât point la campagne. Après la bataille, le Roi passa en revue le régiment de cuirassiers de Seydlitz; il le fit défiler devant lui et le remercia de la bravoure qu'il avait montrée. Lui-même écrivit à Seydlitz pour lui annoncer cette victoire. Celui-ci répondait, le 6 septembre :

« Du lit où me retiennent mes souffrances, je
« mets aux pieds de Votre Majesté mes félicita-
« tions. Je désire que la prise de Dresde suive
« cette grande victoire et je souhaite surtout que
« la contusion reçue par Votre Majesté n'ait pas
« des suites qui nous empoisonneraient la victoire.
« J'ai envoyé sans retard ces nouvelles à Stettin
« et en Silésie. Elles me sont parvenues au mo-
« ment où je devais considérer comme une dis-
« grâce de Votre Majesté, que la direction géné-
« rale de la guerre m'ait non-seulement rayé des
« états pour les rations de fourrages, mais qu'elle
« ait encore refusé de me donner celles que Votre

« Majesté m'a accordées en temps de paix, en ma
« qualité de colonel d'un régiment. Si Votre
« Majesté ne daigne pas intervenir, je serai obligé
« de me défaire de mes chevaux. »

Le Roi écrivit à Seydlitz, le 21 septembre, pour
le remercier des sentiments qu'il lui exprimait et
lui dire qu'il espérait le voir bientôt rétabli et reprendre du service.

Dans la disposition dont Seydlitz se plaignait
avec tant de naïveté, on a voulu voir une petite
vexation du Roi. Ce n'était cependant qu'une mesure générale, et l'ordre que donna aussitôt le
Roi de rendre à Seydlitz les rations qu'il touchait
comme colonel, montre le juste milieu qu'il était
alors indispensable de garder entre la parcimo-
nie et la prodigalité.

Seydlitz trouva, même à Berlin, l'occasion de
servir utilement le Roi. Au commencement d'octobre 1760, un corps russe, commandé par le général comte de Tottleben, franchit l'Oder et marcha sur Berlin qu'il essaya d'enlever par un coup
de main. Le général de Rochow, qui commandait
la ville, avait fort peu de troupes et parla de
l'abandonner. Seydlitz et le général de Knobloch,

qui n'était pas non plus guéri de ses blessures, s'y opposèrent. Le vieux feld-maréchal de Lehwald se joignit à eux. Seydlitz, à la tête de quelques soldats et de bourgeois de bonne volonté, alla sur la route de Koepenick reconnaître les forces de Tottleben. Il livra combat à l'avant-garde russe composée de cosaques et, forcé de se retirer devant des forces supérieures, il fortifia les portes de la ville. Un retranchement fut élevé et garni de quelques canons; des tireurs furent placés sur les murailles. Les Russes attaquèrent vigoureusement les portes de Kœpenick et de Kotbus, et Seydlitz resta jour et nuit au point le plus menacé. Un premier assaut fut repoussé, mais les Russes recevant des renforts, et les Autrichiens du général Lacy arrivant de Potsdam et de Charlottembourg, Berlin dut être abandonné. Seydlitz suivit les troupes à Spandau où il ne resta que peu de temps, parce que les événements de la guerre éloignèrent bientôt l'ennemi de Berlin.

Le Roi apprit avec satisfaction la conduite de Seydlitz, et il la mentionna plus tard dans son histoire. Cette campagne se termina, le 3 novembre, par la sanglante bataille de Torgau, dont le Roi écrivit de sa main la nouvelle à Seydlitz.

Celui-ci lui répondit qu'un *Te Deum* serait chanté le dimanche suivant, dans toutes les églises, au bruit du canon et de la mousqueterie, et que cette glorieuse victoire allait être annoncée sans retard en Poméranie et en Silésie.

Au commencement de 1761, le Roi et Seydlitz échangèrent les lettres suivantes, qui ne montrent aucune trace de la mésintelligence qui s'était glissée entre eux. Le Roi lui écrivait de Leipsig, le 10 janvier: « Mon cher lieutenant général de « Seydlitz, j'apprends avec une satisfaction parti- « culière que l'état de votre santé s'améliore, et « que vous espérez nous rejoindre bientôt. Je dé- « sire beaucoup vous voir. Venez dès que vos « forces vous le permettront; vous trouverez ici « votre médecin, le conseiller privé, docteur Co- « thenius, qui aura soin de votre santé. »

Mais Seydlitz eut une rechute et il écrivait triste- ment, le 13 janvier. « Le mieux qui continuait « depuis quelque temps me faisait espérer d'être « prochainement rétabli, mais voilà deux jours « que je suis retombé et j'ai reçu dans mon lit « la gracieuse lettre de Votre Majesté Royale. Si « Votre Majesté daigne le permettre, le docteur « Cothenius qui correspond avec mon médecin

« dira au Roi la cause probable de ma maladie.
« Que Votre Majesté ordonne que j'aie la faveur
« de lui baiser l'habit, et la mort seule pourra
« m'en empêcher. »

Frédéric, après avoir consulté le médecin, lui écrivit de nouveau, le 16 janvier :

« Mon cher lieutenant général de Seydlitz, j'ai
« appris avec peine par votre lettre du 13 janvier
« que votre santé était de nouveau mauvaise.
« D'après votre demande, j'en ai causé avec le
« docteur Cothenius. Il pense que le voyage vous
« fera du bien et que vous aurez ici plus d'occa-
« sions de prendre un exercice favorable à votre
« santé. J'espère donc que vous serez promptement
« en état de venir hâter votre guérison, et je se-
« rai content de vous prouver moi-même que je
« suis votre très-affectionné Roi. » — Il ajouta de
sa main ce post-scriptum : « L'air de Leipsig vous
« vaudra mieux que celui de Berlin. »

Le mal dont souffrait Seydlitz, ne lui permit point
de se mettre en route avant le printemps, et le
20 mai seulement, il écrivit au Roi qui était en Silésie depuis le commencement du mois, qu'il avait

pris le commandement de la cavalerie, dans l'armée du prince Henry. Les cuirassiers avaient suivi
le Roi en Silésie. Frédéric lui témoigna sa satisfaction de le voir à l'armée où il espérait que le mouvement lui rendrait la santé.

X

CAMPAGNES DE SAXE

Pendant que le Roi, avec le gros de ses forces, faisait tête, en Silésie, aux Autrichiens de Laudon et aux Russes du feld-maréchal Butturlin, le prince Henry devait résister, en Saxe, à l'armée autrichienne de Daun et aux Impériaux que commandait le feld-maréchal Serbelloni.

L'armée prussienne comptait à peine 32,000 hommes, tandis que les Alliés en avaient plus de 50,000. L'habileté des généraux prussiens devait seule compenser cette infériorité numérique, car la bravoure et l'habitude des manœuvres qui pouvaient entrer en ligne de compte dans les premières campagnes, n'avaient plus la même valeur dans l'armée prussienne, tant de fois renouvelée depuis.

Des bataillons entiers étaient formés de déserteurs ou de prisonniers de guerre, parmi lesquels les Saxons, qui ne servaient que par force. Ces hommes étaient enrôlés avec tant de précipitation qu'ils gardaient quelque temps encore l'uniforme étranger. Seydlitz, entrant dans une petite ville, se crut au milieu des ennemis, parce que les portes étaient gardées par des grenadiers en habit rouge. C'étaient des Saxons pris à Langensalza, avant son arrivée à l'armée, et qu'on avait forcés à passer au service de la Prusse.

Le Roi, au lieu de conserver près de lui son meilleur général de cavalerie, comme il l'avait fait jusqu'alors, l'attacha à l'armée de son frère. L'action combinée des deux armées ennemies pouvait nécessiter un fractionnement de l'armée prussienne, et il paraissait important de mettre près du prince Henry un général comme Seydlitz, habitué à la grande guerre.

Dans cette campagne et dans celles qui suivirent, les choses se passèrent presque toujours de manière que le prince Henry, tout en conservant le commandement en chef, n'eut affaire qu'aux Autrichiens, pendant que Seydlitz fut surtout opposé aux Impériaux. Cette position était agréable au prince Henri, auprès duquel Seydlitz jouissait d'une faveur complète.

La guerre était, du reste, peu active en Saxe. Au lieu de mettre à profit la supériorité de ses forces, l'armée ennemie attendait une bataille en Silésie, et se tenait prudemment dans des camps fortifiés. Le prince Henry, choisissant de bonnes positions pour suppléer à son infériorité, avait, de son côté, d'excellentes raisons d'éviter une grande bataille. Les petits combats n'en étaient que plus fréquents, et, pendant que le gros des troupes restait immobile, les corps de partisans se faisaient une guerre de surprises et de coups de main.

Du côté des Prussiens, le colonel Frédéric-Guillaume de Kleist se distinguait d'une manière exceptionnelle dans ces sortes d'affaires. Il commandait un régiment de hussards et il avait levé, en outre, un régiment de dragons volontaires et un petit corps de Croates gris. Ses manières affables, de brillants uniformes et un bonheur constant lui avaient valu une grande vogue. Quoique l'inférieur de Seydlitz, Kleist avait sur lui cet avantage que sa position lui donnait bien plus souvent l'occasion de se distinguer, et il acquit beaucoup de gloire dans de petits engagements, tandis que les combats importants où Seydlitz eût brillé ne se présentèrent point. Il en résulta que, sans le vouloir, Kleist se trouva dans une sorte de rivalité avec Seydlitz et parut même l'éclipser momentanément. Au reste, le peu de combats qu'eut à livrer Seydlitz furent sans importance, et Kleist y prit presque toujours part.

Le colonel autrichien de Tœrreck avait réussi, le 18 avril, à surprendre les avant-postes prussiens à Siebenlehn et Neuenkirchen, entre Tharant et Meissen. Pour venger cet échec, Kleist combina une surprise contre le général autrichien de Zetwitz, qui opérait dans les environs de Freiberg. Il soumit directement son plan au prince Henry, qui l'approuva et en confia l'exécution à Seydlitz.

Le 25 août, Seydlitz fit partir Kleist de Dœbeln avec 1,000 cavaliers et de l'infanterie, en lui donnant l'ordre de passer la Mulde pour attaquer l'ennemi sur son flanc gauche et sur ses derrières. Lui-même, partant de Deutsch-Bobra, se dirigea par Ditmannsdorf sur Nauendorf avec à peu près 1,500 chevaux et plusieurs bataillons. Deux petits détachements cherchaient à attirer sur un autre point l'attention de l'ennemi. Le 26 août, de grand matin, les Autrichiens furent attaqués ; mais le terrain favorisa leur retraite, qui s'effectua en bon ordre sur Dippoldiswalde, et Seydlitz et Kleist ne firent que quelques prisonniers. Ils reprirent ensuite leurs premières positions.

Les courses des Impériaux, qui occupaient Pegau, Weissenfels et Naunbourg, et s'avançaient jusqu'aux portes de Leipsig, rendaient une grande entreprise nécessaire. Le 2 septembre, Seydlitz se dirigea sur Penig, par Waldheim et Rochlitz, avec 8 bataillons et 24 escadrons, pour y surprendre un fort détachement d'Impériaux et le couper de l'armée. Kleist commandait l'avant-garde. L'ennemi s'était déjà retiré sur la Pleiss et derrière le chemin creux de Lohma. Seydlitz n'atteignit que son arrière-garde en deçà de la Pleiss et lui prit quelques hommes. Il réunit ensuite toutes ses troupes à Schmoellen et marcha, le 4 septembre, sur Weisenbach, contre la position de l'armée impériale, dont l'aile droite était à Reust, appuyée à la montagne, et la gauche à Ronnebourg.

Kleist avait déjà reconnu la position. Il annonça, le soir, que le Reusterberg était facile à attaquer, et, si l'on réussissait à l'enlever, la dé-

faite de l'ennemi était assurée, puisque son camp
se trouvait dominé par ces hauteurs. Kleist occupait déjà le village de Reust, par lequel il fallait
passer. Seydlitz prit aussitôt ses dispositions pour
l'attaque, et ses troupes se mirent en mouvement
pendant la nuit. Mais, dès que le jour lui permit
de voir la position ennemie, Seydlitz trouva les
choses changées depuis le rapport de Kleist. Les
hauteurs étaient occupées par de l'infanterie et
du canon, et difficiles à enlever. Des chemins
creux, de nombreux fossés, sillonnant le terrain
des deux côtés de la montagne, une pente rapide
à gravir, sous le feu de l'ennemi, rendaient le
succès douteux. Ces hauteurs une fois conquises,
il restait encore à combattre l'armée ennemie,
forte de 36 bataillons et de 40 escadrons, auxquels
les Prussiens n'avaient à opposer que peu d'infanterie et une cavalerie insuffisante, dont la
nature du sol rendait encore l'emploi difficile.
Devant ces difficultés, Seydlitz renonça à son projet
et se retira, sans être inquiété, sur Altenkirchen.

C'est sans aucune raison qu'Henry de Bulow
accuse ici Seydlitz de mollesse et lui reproche
d'avoir fait une reconnaissance au lieu d'attaquer.

Serbelloni, craignant pour son flanc gauche, se retira derrière l'Elster, à Weyda ; Seydlitz retourna alors, le 6 septembre, à Borna, et laissa Kleist en observation, à Altenbourg, avec des troupes légères. Le 12 septembre, les troupes de Seydlitz rejoignirent l'armée et prirent leurs quartiers en avant de l'Elbe, entre Lommatzsch et Oschatz. Kleist fut placé un peu plus près de l'ennemi, à Doebeln. Ces troupes avaient l'ordre du prince Henry d'être toujours prêtes à marcher et de se porter en avant au premier mouvement des Impériaux. La vigilance de Seydlitz rassurait complétement le prince de ce côté.

Cependant, la position des Prussiens était toujours fort critique. En Silésie, le Roi avait les plus grandes peines à résister aux Autrichiens et aux Russes. Un coup de main avait livré à Laudon la forteresse de Schweidnitz. Les Français marchaient sur Halberstadt. Daun et Serbelloni eux-mêmes semblaient devenir actifs, et ce dernier fit avancer le général de Luzinsky, avec des troupes légères, jusqu'à Halle et Mansfeld.

Le prince Henry ne pouvait permettre que l'ennemi poussât aussi loin ses courses, pendant que les Français menaçaient Magdebourg et que Berlin

n'était pas couvert contre les Russes. Il envoya
Seydlitz avec 2,000 hommes d'infanterie et 1.200
chevaux pour chasser les Impériaux de Halle ;
couvrir Magdebourg si les Français continuaient
à avancer. et, de plus. protéger Berlin contre les
Russes qui seraient venus de l'Oder.

Seydlitz, parti le 10 octobre, était le 12 à Leipsig. Les Impériaux abandonnèrent Halle ; mais
les Français qui avaient remporté un avantage à
Wolfenbuttel faisaient mine de marcher sur Magdebourg. Seydlitz était entre Koethen et Bern-
bourg, attendant les événements, quand les
Français se retirèrent, contre toute prévision. Les
préoccupations pour Berlin s'évanouirent également, et le détachement fut rappelé en toute hâte
à l'armée du prince Henry, où Seydlitz arriva le
21 octobre. Il prit ses quartiers d'hiver à Doebeln.

Cette petite campagne de Seydlitz eut lieu sans
combat ; mais si l'on songe à la difficulté de la
position où il se trouvait. on doit reconnaître qu'il
fallait un homme de cette trempe pour faire face
aux éventualités terribles qui le menaçaient.

Pendant l'absence de Seydlitz, Daun n'avait
cessé d'inquiéter les avant-postes prussiens. Le
1ᵉʳ novembre. ses forces. déjà supérieures, s'aug-

mentèrent de 24,000 hommes que Laudon lui envoyait de Silésie, et il devint évident que les Prussiens allaient être attaqués vigoureusement. En effet, le 5 novembre, Daun s'empara d'une redoute située en avant de Meissen, sur le Lerchenberg et refoula la ligne des avant-postes en arrière de Siebenlehn et de Rosswein. Pour renforcer le poste de Rosswein, Seydlitz y envoya, de Petersberg, 5 escadrons de dragons qui trouvèrent la place déjà occupée par l'ennemi; lui-même se porta à Siebenlehn avec 5 escadrons de cuirassiers.

Le prince Henry, changeant alors de position, porta toute son attention sur son aile droite. L'ennemi chercha inutilement à s'établir sur la rive droite de la Mulde, d'où Seydlitz le chassa. Voulant au moins s'assurer de la rive gauche de la rivière pour y établir commodément ses quartiers d'hiver, Daun essaya d'occuper la petite ville de Dœbeln ; mais Seydlitz, avec ses cuirassiers que soutenait la cavalerie légère de Kleist, força les Autrichiens à repasser la Mulde. Le lendemain, après un combat indécis que livra Kleist, il fut convenu d'un commun accord que Doebeln ne serait occupé ni par les Autrichiens ni par les Prussiens.

Telle fut, en Saxe, la fin des hostilités pendant cette campagne.

L'hiver se passa sans autres entreprises de l'ennemi, que les Prussiens ne pouvaient songer à inquiéter. De fréquentes escarmouches eurent lieu toutefois entre Seydlitz et les Impériaux. Il était d'avis qu'il fallait éviter, autant que possible, d'engager un combat sérieux avec ces troupes qui se battaient, pour la plupart, à contre-cœur avec les Prussiens. Elles montraient une grande bravoure et il valait mieux leur laisser la possibilité d'une retraite honorable et surtout chercher à leur faire des prisonniers qui entraient sans résistance au service de la Prusse. Des officiers même étaient satisfaits de n'être plus forcés de faire la guerre au roi de Prusse, qu'ils admiraient. Un jour, Seydlitz, ayant fait prisonnier un général des troupes de Souabe, et cherchant, par politesse, à le consoler de son malheur, en reçut cette réponse, qu'il était content de cet accident et ne voulait point être échangé.

Les Prussiens avaient presque toujours l'avantage dans les combats d'avant-postes, mais la disproportion de leurs forces ne leur permettait de rien entreprendre de sérieux.

A la mort de l'impératrice Élisabeth de Russie qui eut lieu le 8 janvier 1762, les Russes quittèrent les rangs de l'ennemi, dont les forces restèrent malgré cela de beaucoup supérieures à celles de Frédéric.

L'alliance des Russes avec les Prussiens ne dura que pendant le règne si court du tsar Pierre III. Les dispositions de l'impératrice Catherine II, qui lui succéda, parurent au moins douteuses. Le contre-coup de ces événements ne se fit sentir qu'en Silésie, où se trouvait l'armée russe; rien n'était changé en Saxe, où tout ne fut pas perdu, grâce aux talents militaires du prince Henry.

Il avait 25,000 hommes au commencement de la campagne et il ne reçut que lentement et fort tard les renforts indispensables à ses régiments épuisés. Malgré cela, il lui fallait disséminer ses forces pour garder une grande étendue de pays. Seydlitz fit observer au prince le danger de cette division, en face d'un ennemi de forces plus que doubles, mais il ne put obtenir de lui qu'il modifiât ses dispositions.

Sur ces entrefaites, Daun fut mis à la tête de l'armée de Silésie, et Serbelloni vint prendre, en Saxe, le commandement des Autrichiens et des

Impériaux. Ces derniers étaient sous les ordres du prince de Stolberg. Malgré les 20,000 hommes qu'avait emmenés Daun en Silésie, les Alliés étaient encore plus nombreux que les Prussiens. La ligne qu'ils occupaient s'étendait de Dresde à la Thuringe. Leurs positions étaient bien choisies, les points importants, fortifiés; néanmoins, une ligne aussi étendue offrait nécessairement plusieurs points vulnérables.

Le 28 avril, les Impériaux se portèrent à Chemnitz et poussèrent quelques régiments jusqu'à Freiberg. Le prince Henry conçut alors le projet de se jeter entre eux et les Autrichiens. Il eut tout le temps de mûrir son plan, car Serbelloni, fort peu disposé par caractère à prendre activement l'offensive, était de plus entravé par les ordres qu'il recevait de Vienne. Le prince attendit l'arrivée de quelques renforts, il fit plusieurs mouvements destinés à faire supposer qu'il voulait concentrer ses troupes sur sa gauche, à Meissen; et il prit secrètement ses dispositions pour traverser la Mulde par son aile droite, afin d'y enlever la ligne des avant-postes ennemis.

Les Autrichiens avaient détruit tous les ponts de la Mulde, et avaient construit sur la rive gauche,

de Rosswein à Leissnig, de nombreux ouvrages
fortifiés. Chaque soir, 3,000 hommes venaient des
cantonnements les plus rapprochés se joindre aux
troupes qui occupaient ces ouvrages, et ils se retiraient le lendemain, au point du jour. Ce va-et-
vient décida le plan du prince Henry. Le 10 mai,
quelques régiments prussiens furent dirigés sur
Meissen pour maintenir l'ennemi, dans la pensée
d'un mouvement sur la gauche; mais, le 11 au
soir, les troupes désignées se portèrent sur la
Mulde, afin d'attaquer le 12 au matin.

Elles étaient partagées en 4 petits corps. Seydlitz
commandait le premier, de 37 escadrons et quelque infanterie; les deux fractions du centre se
composaient principalement d'infanterie et d'artillerie; Kleist commandait la quatrième. Les corps
suivaient des chemins différents et devaient rester
cachés au bord de la Mulde jusqu'à ce que les
Autrichiens, après avoir quitté les redoutes à
l'heure habituelle, s'en fussent suffisamment éloignés. Ils devaient alors traverser la rivière en
même temps et attaquer de front et de flanc les
ouvrages de l'ennemi. Les corps de Seydlitz et de
Kleist avaient le rôle principal. Seydlitz commandait toutes les troupes, et il devait donner, de

Technitz, par un coup de canon, le signal de l'attaque générale.

Les chasseurs et les Croates gris de Kleist se montrèrent trop tôt sur la Mulde, et des coups de fusil furent échangés entre eux et les avant-postes ennemis. Kleist, sachant les Autrichiens partis des redoutes, et craignant que le bruit de la fusillade ne les fît revenir, crut devoir tout précipiter et il fit tirer un coup de canon. Il donna ainsi le signal de l'attaque plus tôt que ne l'eût fait Seydlitz, qui ignorait ce qui s'était passé chez Kleist et voulait, avec raison, attendre que les Autrichiens se fussent éloignés davantage des redoutes.

A 7 heures du matin, les Prussiens passèrent la Mulde sur quatre points. Les redoutes ennemies furent emportées, et le général autrichien de Zetwitz fut fait prisonnier après une résistance énergique. Les troupes autrichiennes qui rega-gnaient leurs cantonnements firent demi-tour, au bruit du canon, mais elles arrivèrent sur la Mulde quand tout était déjà fini et ne purent que recueillir les fuyards.

Les Autrichiens perdirent l'artillerie des ou-vrages fortifiés et 2,000 hommes, prisonniers pour la plupart. Le succès des Prussiens eût été

cependant plus complet une heure plus tard, puisque les 3,000 Autrichiens eussent été trop loin
pour faire demi-tour. Ils eussent été alors attaqués
dans leurs cantonnements, et peut-être enlevés.
Les raisons que fit valoir Kleist pour s'excuser
d'avoir donné le signal de l'attaque qui devait venir de Seydlitz semblèrent satisfaire le prince
Henry, mais Seydlitz ne les accepta pas, et la
bonne intelligence fut troublée entre lui et Kleist.

Quelques attaques partielles sur d'autres points
avaient également réussi; l'ennemi s'était porté
en arrière, en laissant plus de place aux mouvements de l'armée prussienne.

Le 13 mai, le prince Henry se dirigea sur Freiberg avec toutes ses forces. Seydlitz et Kleist
commandaient l'avant-garde. Ils mirent en fuite
un parti de cavalerie ennemie, et lui firent 200
prisonniers. Les Autrichiens abandonnèrent alors
leur camp retranché de Freiberg, et se retirèrent
à Dippoldiswalde. Seydlitz attaqua leur arrière-
garde à plusieurs reprises; il la chassa des positions
qu'elle voulait conserver et s'empara du défilé qui
conduisait à l'armée ennemie. Le 16 mai, les
Prussiens s'avancèrent jusqu'à Pretschendorf et
s'y fortifièrent.

Ces mouvements avaient coupé par le milieu la ligne ennemie. Déjà, le prince de Stolberg, qui se trouvait à Chemnitz avec la plus grande partie des Impériaux , se voyant séparé des Autrichiens, et craignant d'être attaqué par toute l'armée prussienne, s'était porté, le 13 mai, à Tzschopa et, le 16, il continua son mouvement de retraite jusqu'à Zwickau.

Le prince Henry envoya, le 18 mai, le général de Bandemer sur Chemnitz avec 4 bataillons et 6 escadrons. Seydlitz désapprouva ce mouvement qu'il trouvait dangereux à cause de la proximité des généraux ennemis Kleefeld et Luzinsky, mais le prince ne tint pas compte de ses observations. Dès qu'il apprit même l'arrivée de Bandemer à Chemnitz, il fit appeler Seydlitz pour le lui annoncer. Seydlitz conserva néanmoins ses inquiétudes et l'événement vint les justifier. En effet, Bandemer se vit bientôt attaqué de tous côtés; il perdit sept canons et 800 hommes avant d'arriver à Oederan où il fut recueilli par le général de Kanitz qui venait à son secours. — Le prince ne put pas dissimuler son déplaisir et montra quelque froideur à Seydlitz.

Cependant Serbelloni, voulant forcer les Prussiens à quitter l'Erzgebirg où ils s'étaient fortifiés, donna l'ordre à l'armée impériale de se porter sur Leipsig et Magdebourg pour les menacer sur leurs derrières. Le prince Henry, de son côté, songeant à chasser complétement les Impériaux de la Saxe, ne perdit pas un moment et envoya, le 21 juin, Seydlitz sur Altenbourg, à la tête de 4,000 chevaux et de 3,000 hommes d'infanterie.

Seydlitz ne pouvait songer à attaquer les Impériaux avec des forces aussi inégales; il chercha donc à gagner leur flanc gauche, et le prince de Stolberg, craignant d'être coupé de la Franconie, se retira en toute hâte jusqu'à Zwickau et Reichenbach. Seydlitz le fit suivre par le colonel de Belling qui venait d'amener de Poméranie son régiment de hussards, dans les rangs duquel se trouvait le jeune Blücher. Les Impériaux, se retirant toujours, furent poursuivis jusqu'à Hof où les Prussiens firent des prisonniers et du butin.

Serbelloni fit alors des démonstrations contre l'aile gauche du prince Henry, dans le but de le forcer à rappeler Seydlitz et d'en débarrasser les Impériaux. Mais le prince crut ses forces suffisantes pour repousser cette attaque, et il laissa Seydlitz en face de l'armée impériale qu'il harce-

lait et tenait en échec par des escarmouches et des
surprises continuelles. Kleist seulement fut rappelé et reçut une autre mission. Il pénétra en Bohême, le 2 juillet, par Marienberg et Einsiedel,
livra des combats heureux et fit des prisonniers
et du butin. Il chassa jusqu'à Osseck et Brux un
fort parti ennemi qu'il trouva à Tœplitz et retourna, le 6 juillet, dans l'Erzgebirg.

Du 17 au 20 juillet, Kleist fit une nouvelle
course aussi heureuse sur Brux et Kommotau et
s'avança jusqu'à Sebastiansberg.

Serbelloni ne pouvait supporter qu'un ennemi
si inférieur eût l'avantage en toutes circonstances et tint la campagne avec autant de succès. Il
donna donc au prince de Stolberg l'ordre de marcher contre Seydlitz et de se rapprocher de l'armée. Le prince y mit une grande lenteur. Le 14
juillet, Belling vit ses avant-postes refoulées à
Plauen et Reichenbach, et le 17, les Impériaux
s'avancèrent jusqu'à Schneeberg et menacèrent
ainsi le flanc gauche de Seydlitz qui campait près
de Zwickau.

Cependant, le danger d'être tourné fut bientôt
du côté de l'ennemi. Le 20 juillet en effet, Kleist,
qui venait d'être nommé général, s'avança jus-

qu'à Marienberg, en se plaçant ainsi sur le flanc gauche du prince de Stolberg, pendant que Seydlitz s'avançait de Zwickau sur sa droite. Le prince se crut battu et ne vit de salut que dans une prompte retraite. Il la commença dans la nuit, et, le lendemain, il se porta sur Hof et Munchsberg, suivi par Belling et Seydlitz.

Seydlitz eut ici une occasion imprévue de montrer son audace et sa présence d'esprit. Il s'était fort avancé avec son état-major pour observer lui-même la retraite de l'ennemi que Belling poursuivait avec l'avant-garde, quand un régiment autrichien, qui avait été donné à l'armée impériale, arriva au grand galop. Ce régiment était en retraite, mais la petite troupe prussienne qu'il reconnut bien vite n'en courait pas moins le danger imminent d'être enlevée. Seydlitz était trop loin de ses troupes pour songer à chercher son salut dans la fuite et son plan fut bientôt fait.

Il partagea en petits groupes de 3 ou 4 les 40 hommes de sa suite : aides de camp, officiers d'ordonnance, etc. Il les mit en ligne avec de grands intervalles et leur ordonna de charger, en poussant des cris, sur le flanc du régiment ennemi, de tirer sur lui toutes leurs armes à feu, et de gagner à travers champs si les Autrichiens faisaient mine de marcher contre eux. Cette feinte surprit l'ennemi et lui fit croire à la présence d'une cavalerie plus nombreuse ; il dédaigna de risposter et continua sa retraite au grand trot. Seydlitz s'était ainsi adroitement tiré d'un mauvais pas, tout en avertissant l'avant-garde de l'arrivée de ce régiment autrichien sur ses derrières.

Les Impériaux se portèrent le 24 juillet à Baireuth, après avoir perdu chaque jour des hommes et des bagages; la caisse de l'armée fut même enlevée par les hussards de Belling. Le prince Henri ordonna alors à Seydlitz de se réunir à Kleist et d'entrer en Bohème pour chasser de Tœplitz un corps ennemi qui s'y trouvait, et obliger ainsi Serbelloni à quitter l'Erzgebirg.

Seydlitz se mit en marche sur Annabourg et Sebastiansberg avec 1,000 chevaux et 2,000 hommes d'infanterie, et il arriva le 31 juillet à Kommotau. Il appela à lui Belling et rallia à Scherwina Kleist, qui avait marché sur Porschenstein avec des forces à peu près égales aux siennes. Arrivés le 1er août à Brux, les deux généraux y laissèrent l'infanterie et se portèrent sur Tœplitz avec toute leur cavalerie.

Ils trouvèrent à peu près 10,000 hommes, sous les ordres du prince de Lowenstein, campés sur les hauteurs, dans une position peu avantageuse, et nullement préparés à recevoir le combat. La cavalerie autrichienne n'avait pas sellé, les fantassins étaient dans leurs tentes; on ne croyait pas les Prussiens aussi près, et les grand'gardes, en se repliant, mirent tout le camp dans le plus grand désordre.

Kleist s'aperçut de ces avantages, et il conseilla d'attaquer sans retard. On pouvait tourner la position de l'ennemi et pénétrer dans son camp de tous les côtés. Le succès était certain, et, même en cas d'échec, il n'y avait rien à craindre, car l'ennemi n'avait pas de cavalerie légère. Cependant, Seydlitz, l'audacieux général de cavalerie, douta cette fois et hésita. Il trouvait la position de l'ennemi trop avantageuse, l'attaque téméraire, et il voulut attendre l'arrivée de l'infanterie. Kleist et Belling firent inutilement près de lui les instances les plus pressantes. La nuit se passa sans rien faire.

Le 2 août, dès que l'infanterie fut arrivée, Seydlitz fit attaquer, et se mit lui-même à la tête de la cavalerie; mais l'ennemi avait changé de position et reçu lui-même des renforts pendant la nuit. L'infanterie se battit bravement des deux côtés; mais les avantages de la surprise étaient perdus pour les Prussiens, et les Autrichiens conservèrent leurs positions. Après plusieurs essais infructueux d'enlever les hauteurs, Seydlitz dut se retirer en perdant 2 canons et 600 hommes.

C'était son premier insuccès dans une entreprise de ce genre, et Seydlitz, comme soldat et comme général, sembla avoir manqué à son caractère. L'opinion généralement adoptée est qu'il faut attribuer cet échec à la mauvaise intelligence qui existait déjà entre Seydlitz et Kleist, et que cette malheureuse affaire ne fit qu'envenimer.

Seydlitz campa pendant deux jours à Ober-Leitensdorf, en présence de l'ennemi, sans en être inquiété, et les hussards prussiens battirent la campagne jusqu'à Prague. Le 5 août, Seydlitz alla à Porschenstein, et Kleist à Einsiedel. Belling retourna à Zwickau pour observer les Impériaux. Le prince de Stolberg se reporta en avant, et il reçut le 12 août, à Hof, l'ordre de rejoindre l'armée autrichienne par la Bohême. Il se mit lentement en mouvement, et Belling le suivit en Bohême en mettant le pays à contribution.

Seydlitz resta à Porschenstein pour observer l'ennemi, qui était à Tœplitz. Le prince de Lowenstein ayant été considérablement renforcé par l'arrivée des Impériaux, Seydlitz reçut l'ordre du prince Henri de rentrer dans le camp de Pretschendorf, où il se plaça derrière l'aile droite. Le 6 septembre seulement, l'armée impériale, après une marche longue et difficile à travers la Bohême, se réunit à Dresde à l'armée autrichienne, et le lendemain le général Haddik vint prendre le commandement en chef à la place de Serbelloni.

XI

BATAILLE DE FREIBERG

Haddik était supérieur au général qu'il remplaçait, et il ne voulut pas laisser à un ennemi plus faible les avantages que ce dernier avait obtenus. Après avoir reconnu avec soin la position et les forces des Prussiens, il se décida à placer sur leur flanc droit un corps de troupes et à les attaquer de front. Il espérait ainsi forcer le prince Henry à se retirer, puisque les Prussiens n'étaient pas assez forts pour accepter le combat de deux côtés à la fois. Mais le prince était préparé à cette manœuvre. Il donna à Seydlitz le commandement de l'aile droite menacée et se tint prêt à repousser toute attaque.

Les Autrichiens assaillirent les avant-postes prussiens sur toute la ligne, et, du 27 au 29 novembre, eurent lieu de nombreux combats où l'avantage se balança. Les Prussiens conservèrent cependant presque toutes leurs positions. Seydlitz et Kleist étaient sur la rive gauche de la Mulde avec 14 bataillons et quelque cavalerie ; ils en furent délogés et rejoignirent le prince Henry sur la rive droite. Celui-ci traversa la rivière, le 1er octobre, sur 4 colonnes et prit une position avantageuse près de Freiberg.

Le 14 et le 15 octobre, Haddik renouvela ses attaques qu'il dirigea surtout contre l'aile droite des Prussiens. Seydlitz résista sans succès contre des forces supérieures et fut complétement tourné. Après un combat malheureux dans lequel il perdit 10 canons et plus de 2,000 hommes, le prince Henry se retira dans la nuit du 16 octobre, et vint camper entre Reichenbach et Klein-Voigtsberg *66* [1].

Quoique battus, les Prussiens n'étaient point décontenancés; le prince Henry résolut même de battre l'ennemi sur le terrain qu'il lui avait abandonné. — Les Autrichiens restèrent quelque temps immobiles, attendant un renfort que Daun envoyait de Silésie. — Sur l'ordre du Roi, 20 ba-

[1] Voir le plan de la bataille de Freiberg.

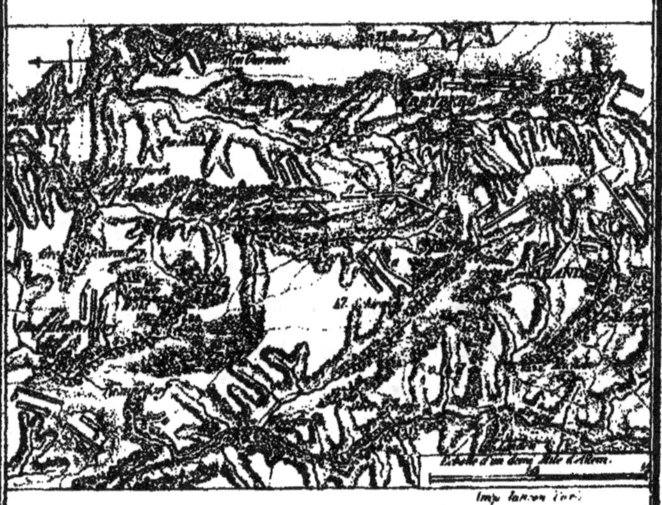

BATAILLE DE FREYBERG.
29 Octobre , 1762 .
Prussiens:
Autrichiens :

taillons et 55 escadrons prussiens étaient également en route pour la Saxe; mais le prince Henry craignait de perdre le moment favorable et ne voulut point attendre l'arrivée de ces troupes.

Les Impériaux, réunis à la cavalerie Saxonne et à 12,000 Autrichiens, occupaient les environs de Freiberg *aa*. Leur mauvaise organisation que Haddik n'avait pu modifier donnait de grandes chances de succès à une entreprise hardie contre eux. Les Prussiens prirent devant Freiberg une forte position *gg*, s'appuyant à gauche, aux rives escarpées de la Mulde, à droite, à l'Asbach, cours d'eau profondément encaissé; et ils parurent vouloir rester sur la défensive.

Cependant, le 28 octobre, le prince Henry prit toutes ses dispositions pour la journée du lendemain. Le renfort de Silésie n'était plus qu'à quelques marches, mais l'attendre, c'était donner le temps au prince de Stolberg de terminer les travaux de retranchements qu'il avait commencés, et diminuer les chances de succès. En outre, le prince, désireux d'avoir pour lui seul l'honneur de l'événement, voulait agir avant l'arrivée du général d'Anhalt, favori du Roi, au-

quel Frédéric avait confié la conduite du contingent qu'il envoyait à son frère. Les habiles dispositions que prit le prince pour la bataille sont
considérées comme irréprochables; elles furent
suivies d'un succès éclatant.

Le 29 octobre, de grand matin, l'armée, forte
de 29 bataillons et de 60 escadrons, se mit en
marche sur 4 colonnes. Seydlitz commandait l'aile
droite à laquelle était réservé le rôle principal; le
prince s'y trouvait lui-même. L'ennemi *aa*, comp-
tant 49 bataillons et 78 escadrons, était en avant
de Freiberg; sa droite, à la Mulde; sa gauche,
au bois de Spittel. Les hauteurs étaient couver-
tes d'artillerie; le bois était protégé par des
abattis.

Kleist entama le combat avec son avant-garde *c*,
et les autres corps marchèrent sur le point qui
leur était désigné. On se battit avec acharnement
dans le bois de Spittel, et le combat fut longtemps
douteux sur ce point. Lorsque l'aile droite prussienne eut atteint la gauche des Alliés et voulut
converser à gauche pour l'attaquer, on s'aperçut
que l'ennemi avait fait occuper, plus à gauche
encore, le Kuhberg *f* par 6,000 hommes, lesquels
devaient nécessairement prendre les Prussiens en

flanc et en arrière, si ces derniers continuaient leur mouvement. Le prince Henry fut un moment indécis, mais Kleist assura qu'il connaissait bien le général de Meyer, qui commandait ces 6,000 hommes et qu'il se contenterait de tirer quelques coups de canon, sans agir davantage. On fit donc occuper les hauteurs de Saint-Michel par 4 petits bataillons et 6 escadrons , qui suffirent pour contenir Meyer, et le reste de l'aile droite se porta en avant.

Le prince de Stolberg, voyant le danger qui menaçait son flanc gauche, fit avancer sa deuxième ligne, et le combat devint bientôt général. Les Autrichiens tenaient bon, et ils avait l'avantage des hauteurs. Le prince Henry, qui livrait sa première bataille, se croyait déjà vaincu en voyant la lenteur avec laquelle on avançait; mais Seydlitz lui dit que tout allait bien et qu'on devait réussir. Cependant, voyant le combat se prolonger sans que la victoire se décidât, Seydlitz conduisit deux bataillons de grenadiers, la baïonnette croisée, à l'attaque des hauteurs de Trois-Croix, où était l'infanterie hongroise. — La cavalerie ennemie cherche en vain à les arrêter. — Seydlitz fait alors avancer quelques escadrons de hussards pour prendre en flanc l'infanterie hongroise qu'il attaque de front avec ses grenadiers. Elle est culbutée et se sauve jusqu'aux portes de Freiberg en abandonnant un grand nombre de prisonniers.

Toutes les positions de l'ennemi furent enlevées l'une après l'autre. L'infanterie, abandonnée de la cavalerie, fut mise en fuite par les cavaliers prussiens, et le prince de Stolberg se retira sur la Mulde, jusqu'à Frauenstein. Cette sanglante bataille coûta aux Alliés 4,000 hommes tués ou blessés, autant de prisonniers, 28 canons et 9 drapeaux. La perte des Prussiens se montait à 1,500 hommes tués ou pris. L'ennemi ne fut pas poursuivi, malgré les instances de Seydlitz, parce que le prince Henry voulait garder ses troupes réunies *hh*, à cause du voisinage de Haddik. Les jours suivants, les Impériaux se retirèrent en abandonnant aux Prussiens tout l'Erzgebirg. — Haddik concentra ses troupes à Dresde.

La bataille de Freiberg fut la dernière de la guerre de Sept-Ans qu'elle termina pour les Prussiens d'une manière glorieuse. L'honneur des dispositions prises revenait au prince Henry et l'exécution surtout à Seydlitz, comme le prince se plut à le reconnaître et comme le dit Warnery dans son histoire. Il faut remarquer ici que, dans cette bataille, ainsi que dans les dernières campagnes, Seydlitz n'est plus seulement général de cavalerie, mais il commande des troupes de toutes armes et, à Freiberg même, il marche à la tête de l'infanterie.

Quels que soient les succès qu'il remporta dans ce nouveau rôle, ils sont bien loin de ceux qu'il avait obtenus dans les premières années de la guerre de Sept-Ans. Le Seydlitz qu'on se représente à la tête de ses escadrons à Rossbach et à Zorndorf, tombant comme la foudre au milieu du champ de bataille et décidant en un clin d'œil les destins de la journée, ce Seydlitz ne brille plus ici du même éclat. — On en a conclu, à tort, que ce n'était plus le même homme et que son esprit et son ardeur avaient baissé comme sa santé. Nous le voyons, au contraire, toujours prêt quand il faut faire un effort ou montrer de la décision.

Il est facile d'expliquer pourquoi Seydlitz paraît changé à la fin de la guerre. C'est que l'armée n'était plus la même ; ses meilleurs soldats avaient succombé. Il était impossible de réunir autant d'aussi bons combattants qu'autrefois, et le Roi lui-même était presque épuisé par cette longue

lutte si inégale. On évitait avec soin les grandes
batailles, et les occasions où Seydlitz eût pu se distinguer ne se présentaient plus.

Heureux, du reste, l'homme auquel il est
accordé, une fois ou deux dans sa vie, de pouvoir
prouver ce dont il est capable ! Cette faveur du
Ciel est refusée au plus grand nombre.

Les renforts envoyés de Silésie arrivèrent le
lendemain de la bataille. Le 6 novembre, le Roi
lui-même était à Meissen et, le 9, il visita le champ
de bataille de Freiberg, et il prodigua les éloges à
son frère et à ses généraux.

Sur ces entrefaites, la Russie avait fait la paix
avec la Prusse; la France, avec l'Angleterre.
L'Autriche, privée d'une partie de ses alliés et
menacée de perdre les autres, était peu disposée
à continuer seule la guerre. Aussitôt après l'arrivée du Roi à Meissen, l'Autriche lui fit faire, par
l'entremise de la Saxe, des propositions de paix
qui furent favorablement accueillies, parce que
Frédéric désirait ardemment terminer une guerre
dans laquelle il n'avait plus rien à gagner.

Afin de hâter les négociations entamées avec
l'Autriche, le Roi jugea utile de faire une rapide
incursion sur les terres des princes allemands de

l'Empire. Il les obligeait ainsi à rappeler leurs troupes de l'armée impériale et à traiter avec lui en dehors de l'Autriche. Cela était secrètement agréable à cette puissance qui se voyait par là délivrée d'engagements onéreux envers ces princes.

Kleist entra donc en Bohême; il poussa jusqu'à Saatz et revint avec du butin et des prisonniers. Le Roi l'envoya ensuite en Franconie avec 6,000 hommes. Il y causa une terreur si grande que la diète de Ratisbonne appela au secours le plénipotentiaire prussien de Plotho. Les États de l'Empire se hâtèrent de demander la paix.

Un armistice fut conclu avec l'Autriche, pendant lequel Frédéric alla, le 3 décembre, à Gotha. Le Roi se rappelant le brillant fait d'armes par lequel Seydlitz avait préludé à la bataille de Rossbach, le choisit pour compagnon de route et fut envers lui d'une grâce et d'une amabilité parfaites.

La paix fut enfin signée, le 15 février 1763, au château de chasse d'Hubertsbourg, et les armées rentrèrent chez elles.

XII

LA PAIX — LA GARNISON D'OHLAU

La fin des hostilités ne satisfaisait pas tous les soldats prussiens. Le Roi, pendant le cours de la guerre, avait levé une quantité considérable de corps francs, formés, pour la plupart, par les soins des officiers qui les commandaient, et dont la fortune dépendait de celle de leur chef et de son mérite. Ces bataillons et ces régiments de volontaires, infanterie et cavalerie, avaient rendu de grands services; ils s'étaient signalés par leur bravoure et n'avaient pas peu contribué au succès des armes prussiennes dans les dernières campagnes. Cependant la paix nécessitait une grande réduction de l'armée, et les corps francs devaient naturellement être les premiers licenciés. Les soldats furent, les uns, incorporés dans les troupes régulières, les autres, renvoyés. Presque tous les officiers furent congédiés.

Ces braves gens, désespérés, voulurent résister quand on leur annonça la mesure qui les frappait, et Seydlitz était à peine arrivé en Silésie quand il reçut les protestations des corps francs de cavalerie. Il chercha inutilement à calmer leur irritation. Une mutinerie éclata ; les simples soldats se réunirent et voulurent s'opposer au licenciement. — Cet oubli de la discipline devait être sévèrement puni, Seydlitz se rendit au milieu des révoltés et prit ses pistolets pour brûler la cervelle à leur chef ; mais son aide de camp, le capitaine de Tschirske, qu'il honorait d'une confiance particulière, lui retint le bras en disant : « Si cela doit « arriver, que Votre Excellence me le laisse faire. » Seydlitz domina sa colère et évita un acte de vivacité qui eût pu occasionner de grands malheurs. Le licenciement s'effectua sans qu'il y eût de sang versé, et Seydlitz fit tous ses efforts pour adoucir le sort de ceux qu'atteignait cette mesure. Il chercha à faire entrer dans l'armée les meilleurs officiers et à donner aux autres une position qui leur convînt.

Seydlitz se fixa à Ohlau où fut envoyé l'état-major de son régiment, et il y reprit le genre de vie des premières années de sa carrière militaire.

Le Roi, peu de temps après la paix, créa pour lui
la charge d'inspecteur général de la cavalerie de
Silésie. Le cercle de ses fonctions fut ainsi considérablement agrandi, mais le général s'occupa
principalement de son régiment et surtout de l'escadron en garnison à Ohlau. Il en surveillait lui-
même la tenue, le service, l'instruction et l'administration intérieure, comme le faisait le Roi à
Potsdam, avec le premier bataillon de sa garde.

L'inspection générale de Seydlitz comprenait,
dans la haute et la basse Silésie, 20 escadrons de
cuirassiers, 10 de dragons et 40 de hussards. Il
eut surtout à s'occuper d'en régulariser l'administration avec économie.

A la suite des guerres qui avaient épuisé la
Prusse, le Roi voulait relever dans ses états l'agri-
culture et l'industrie, ce qui l'obligeait à rendre
le moins lourd possible aux Prussiens le service
militaire. Dans ce but, le nombre des étrangers
fut augmenté dans l'armée, ce qui nécessita de
nouvelles dispositions relativement au recrutement
et à l'administration intérieure des régiments. Dans
de telles circonstances, il fallait une surveillance
sévère pour obtenir l'uniformité, car ces modifications venaient froisser beaucoup d'intérêts, et

rendre le service plus difficile. Les solides objections que fit Seydlitz au Roi contre cette mesure, dûrent disparaître devant le but à atteindre, et le général inspecteur se trouva dès lors chargé d'introduire ces nouvelles dispositions et d'en surveiller strictement l'exécution.

Sa charge était elle-même une nouveauté qui déplut fort aux propriétaires de régiments dont elle froissait la susceptibilité. De vieux généraux, habitués jusqu'alors à relever directement du Roi, à recevoir ses ordres et à lui rendre leurs comptes, voyaient se placer comme intermédiaire entre eux et le souverain un camarade moins ancien que plusieurs d'entre eux. Quelques-uns protestèrent hautement contre cet ordre et cherchèrent à s'y soustraire, ou à en entraver l'exécution ; mais Seydlitz, bien qu'ayant accepté à contre-cœur la nouvelle mesure, n'était pas homme à laisser empiéter sur les droits de sa charge et il exigea de tous le même respect et la même obéissance. Son mérite reconnu et sa gloire militaire ne l'aidèrent pas moins que la confiance générale dans sa ferme volonté de n'exiger que la justice.

Le désintéressement de Seydlitz lui donnait encore une grande force morale. Pendant toute la guerre, sa réputation était restée sans tache. Il avait eu beaucoup d'occasions de s'enrichir ; il eût pu en faire naître d'autres ; non-seulement il les négligea pour lui-même, mais il montra une telle répugnance contre les réquisitions et les contributions de guerre que le Roi ne put jamais le charger de leur recouvrement. Il eût refusé, comme fit le général de Saldern, malgré l'ordre exprès du Roi, de piller le château de chasse d'Hubertsbourg. — Il interdisait le pillage à ses troupes et leur faisait un point d'honneur de ne regarder comme digne du soldat que le butin fait sur l'ennemi dans un combat.

Seydlitz était, sous ce rapport, en communauté d'idées avec le prince Henry. Bien qu'il fût forcé de faire vivre son armée aux frais de la Saxe, d'envoyer en Bohème et en Franconie frapper des réquisitions, dont le produit était en grande partie détourné de sa destination, le prince témoignait chaque fois sa répugnance pour cette manière d'agir. Après la bataille de Freiberg, le contingent amené de Silésie par le prince de Neuwied avait signalé sa marche par des excès de toute sorte ; aussi le prince Henry accueillit-il le général et les officiers avec de dures paroles, en leur disant que leur marche avait été celle de voleurs de grands chemins plutôt que de troupes disciplinées.

Les meilleurs généraux, sinon tous, pensaient, dans l'armée prussienne, que la seule ambition permise au soldat est la gloire qu'il acquiert par ses actions et la récompense que lui donne le prince. Ce sentiment ne fut jamais plus pur que chez Keith, qui avait mis à contribution toute la Bohême et fut tué l'année suivante en ne laissant que 70 ducats, et chez Seydlitz auquel les occasions s'offrirent souvent sans qu'un doute s'élevât jamais sur sa générosité et son désintéressement.

Le Roi savait si bien que Seydlitz ne s'occupait pas de sa fortune, qu'il voulut en prendre soin lui-même. Pendant la guerre, il l'avait nommé grand bailli de Blotho, charge à laquelle était attaché un revenu annuel. Ainsi que d'autres généraux en faveur auprès du Roi, Seydlitz en reçut plusieurs fois des cadeaux en argent. Plus tard, ses appointements de général, propriétaire d'un régiment et inspecteur de cavalerie, se montaient à près de 15,000 thalers. Cette somme suffisait largement à ses dépenses; cependant, quand Seydlitz acheta la terre de Minkowsky, près de

Namslau, ainsi que le forêts attenantes, et y fit bâtir un château, le Roi lui envoya 20,000 thalers. Il lui permit, en outre, pour lui faciliter l'exploitation de ses forêts, de faire flotter, sans droits de péage, sur la rivière royale, tout le bois qu'on y coupait.

De même que le vieux Dessau avait fait de la petite prairie de Halle le terrain d'instruction de l'infanterie prussienne, Seydlitz fit à Ohlau une véritable école de cavalerie. Le régiment qui lui appartenait pouvait servir de modèle à tous les autres. Les officiers et les simples soldats montaient tous à cheval de la même manière, et d'après son exemple et ses principes, avec la plus grande hardiesse et beaucoup de solidité. Dans les mouvements les plus rapides, chaque cavalier, comme l'escadron entier, devait être maître de lui pour obéir au commandement avec la promptitude de l'éclair. L'audace du cavalier allait jusqu'à la témérité. On ne devait pas songer aux accidents.

Avant d'être enrôlés. les hommes de recrue étaient soumis aux plus rudes épreuves. L'homme d'une forte constitution était seul essayé. On le plaçait de suite sur un cheval indompté qui l'em-

portait à travers champs. Le cavalier se cassait-il
le cou, il n'en était plus question ; s'il sortait
vainqueur de cette épreuve sauvage, sans en être
découragé, il était incorporé. Il en résulta que le
régiment, et surtout le premier escadron, ne renferma bientôt que des cavaliers d'élite. Le simple
soldat, ayant la conscience de sa valeur, avait
l'air d'un officier. — Le corps d'officiers était incomparable.

Les jeunes gens des premières familles sollici-
taient l'honneur d'être admis dans le régiment de
Seydlitz, et, le nombre des places étant limité,
beaucoup d'entre eux se contentaient d'y servir
comme volontaires. Ces jeunes gentilshommes,
richement équipés, pleins de zèle et d'ardeur,
rivalisaient dans les exercices équestres. Grâce à
leur fortune, le luxe ne tarda point à s'introduire
au régiment. L'ambition d'avoir les plus beaux
chevaux se plaça près de celle de les monter le
mieux ; la richesse des habits accompagna la tenue
militaire.

L'aliment que la guerre, avec son but et ses
dangers, apporte à un surcroît d'activité et de
courage, manque pendant la paix, et ces qualités,
si précieuses à la guerre, deviennent souvent, en

garnison, des défauts graves. On cherche alors la supériorité et la distinction dans le faste, l'exagération de la toilette et des excès de tout genre. Les officiers de Seydlitz, qui possédaient ces qualités à la guerre, outrèrent ces défauts pendant la paix. Les vêtements étroits étaient ordonnés, et c'était à qui les aurait le mieux ajustés. — On raconte plaisamment que, pour mettre leurs culottes de peau, les officiers de Seydlitz les mouillaient, les suspendaient, puis s'y introduisaient avec peine, attendant des heures entières avant de pénétrer dans ce cuir mouillé. Il est vrai qu'après s'être séchée sur le corps, cette peau y était réellement collée et dessinait les formes à merveille. — Nous donnons la chose telle qu'on la raconte, sans vouloir certifier qu'elle ait été souvent mise en pratique.

La position de Seydlitz l'obligeait à tenir un grand train de maison, et il recevait fréquemment ses officiers et nombreuse compagnie. Sa femme aimait beaucoup le monde, les plaisirs et la dissipation; Seydlitz, au contraire, revenant volontiers aux habitudes de sa jeunesse, négligeait les salons de sa femme. Il la laissait aller seule avec les jeunes gens aux concerts et aux fêtes, pendant qu'il chassait ou restait chez lui à fumer, en compagnie d'un ou deux officiers avec lesquels il échangeait de rares paroles. Le caractère léger de la jeune femme lui faisait rechercher la société des officiers qui la courtisaient. Chaque soupirant, non moins aventureux en amour qu'à la guerre, ambitionnait d'imiter Seydlitz et l'honneur du général reçut de fâcheuses atteintes. Le scandale de cette conduite devint tellement public qu'une séparation fut nécessaire, après à peine quatre ans de mariage.

Seydlitz supporta assez facilement ses malheurs domestiques, mais ils augmentèrent son éloignement pour le monde et la cour. Il se renferma davantage dans sa vie militaire. Le pays lui offrait les moyens de satisfaire sa passion pour la chasse et lui procurait les succès en amour qui lui plaisaient le plus. Peu difficile à l'endroit des femmes, il ne recherchait ni la délicatesse, ni l'élégance. La beauté du diable et un bas bien tiré suffisaient pour lui plaire.

Tous les exercices hardis que Seydlitz exigeait de ses cavaliers, il les exécutait lui-même, et ce ne fut pas toujours sans accidents. En 1765, à Lissa, où le Roi exerçait des troupes, il fit avec

son cheval une chute si terrible qu'on le crut
mort et il resta longtemps sans connaissance. Le
Roi accourut près de lui, mit pied à terre, et se ré-
jouit dès que le blessé donna signe de vie. Frédéric fit venir du quartier général sa propre voiture et envoya un page à Breslau chercher le meilleur médecin. Seydlitz ouvrit bientôt les yeux,
mais sans pouvoir parler, et l'émotion força le
Roi à s'éloigner. Il s'informa du malade chaque
jour et le recommanda chaudement aux médecins
avant de quitter Lissa.

Seydlitz guérit bientôt et, loin d'être arrêté,
il reprit de plus belle ses exercices dangereux.
Il répéta, comme général, les tours hasardeux
de sa jeunesse, en passant au galop entre les
ailes d'un moulin à vent. Toute sa suite en fit
autant.

Un jour, il rencontra, dans les environs d'Ohlau.
une voiture qui cheminait lentement dans le sable.
Elle contenait un pasteur de la campagne et sa
femme. Seydlitz remarqua que l'avant-train de la
voiture était très-long et laissait un espace assez
grand entre le siége et la caisse. Le hardi cavalier donne les éperons à son cheval et saute alors
par-dessus la voiture. Il est suivi par son escorte,

à la grande frayeur des voyageurs qui n'eurent pourtant aucun mal.

Seydlitz était sans ménagements pour les autres comme pour lui-même; aucun danger ne devait arrêter un cavalier; il fallait le vaincre et jamais l'éviter. Les accidents s'accumulaient, mais Seydlitz n'y faisait aucune attention et les regardait comme un sacrifice que la guerre impose à la paix. Un jour, le Roi lui dit: « Comment se fait-il Seydlitz, que tant de gens se cassent le cou dans votre régiment? » — « Votre Majesté n'a qu'à ordonner, répondit le général, et cela n'arrivera plus; mais je ne serai pas coupable si le régiment ne fait pas son devoir devant l'ennemi. »

La femme du ministre de Schlabrendorf lui exprimait ses craintes qu'il n'arrivât malheur à son fils dans les exercices dont elle entendait parler avec épouvante. « Votre Excellence peut être tranquille, lui dit Seydlitz, un cornette est comme un chat, on peut le jeter du haut d'une tour sans qu'il se fasse aucun mal. »

La chasse offrait également de nombreux dangers que personne ne pouvait éviter sans déshonneur. Il était aussi attrayant qu'honorable pour les jeunes officiers d'y prendre part. Les bous chiens de chasse étaient presque autant en honneur que les beaux chevaux, et ceux du général étaient dressés à merveille. — Seydlitz tirait fort bien le fusil et le pistolet, à cheval comme à pied. — On raconte qu'il offrait de tenir à un bon tireur un thaler entre deux doigts, aussi bien que de le prendre pour but. Le sonneur d'Ohlau sonnait trois fois par jour une petite cloche à la porte de la maison de ville; de sa fenêtre, Seydlitz coupa souvent la corde. — Il brisait d'une balle le tuyau d'une pipe fichée en terre.

Quelques ordres de régiment et d'inspection générale, heureusement conservés, donneront une idée de la manière dont Seydlitz comprenait le service.

Le 20 janvier 1766, il donna l'instruction suivante: « Dans chaque détachement, les commandants de compagnie s'assureront que les chevaux sont sellés, paquetés et bridés et que les étriers sont ajustés de la même manière, en usage au régiment. J'ai remarqué des hommes qui portent les étriers trop courts; je veux que l'étrier soit assez long pour que l'homme ne soit pas en selle comme dans un fauteuil, mais que la jambe tombe perpendiculairement.

« Les queues des chevaux ne doivent être trous-
sées que lorsqu'il y a beaucoup de boue. Elles
seront coupées à chaque nouvelle lune et je recommande qu'elles ne soient pas ruinées par le
peigne.

« Les hommes de recrue ne doivent pas être
mis à cheval avant d'avoir terminé leur instruction à pied. On ne les exercera point au maniement
de la carabine avant qu'ils ne se tiennent bien à
cheval. — Ils monteront sans étriers jusqu'à ce que
leur position soit irréprochable.

« Je recommande surtout aux officiers de s'ef-
forcer de faire disparaître le paysan chez le soldat
et le sous-officier; de leur inspirer tout l'amour-
propre possible, et de leur faire comprendre que
le bon soldat doit se reconnaître à sa tenue, même
en dehors du service.

« MM. les officiers devront terminer complétement l'instruction de leurs hommes avant le
printemps, afin que tous les corps soient prêts à
marcher ou à manœuvrer, et qu'on ne soit pas
obligé, comme l'année dernière, de recommencer,
au camp, l'instruction qui aurait dû être donnée
à la garnison. »

Le général avait tellement à cœur que le soldat

se fit reconnaître, en toutes circonstances, et eût
une tenue soignée qu'il donnait, peu de jours
après, l'ordre suivant :

« Je vois, de temps à autre, des hommes en congé que l'on prendrait pour des paysans, s'ils
n'avaient sur eux quelque effet militaire. Ces hommes ne savent pas même le nom de leur commandant de compagnie. Cela m'oblige à rappeler à
MM. les commandants de régiment qu'ils doivent
inspecter les détachements et les faire visiter par
les officiers supérieurs, conformément aux ordres
du Roi. Ils s'assureront que les capitaines n'ac-
cordent pas plus de congés qu'il n'est prescrit, ce
qui aurait pour résultat, en cas de guerre, de
mettre dans les régiments des hommes qui ne sau-
raient pas faire leur devoir devant l'ennemi.

« Les officiers supérieurs s'assureront que les
officiers sous leurs ordres exercent leurs hommes.

« Ils tiendront la main à ce qu'un conscrit ne
soit jamais envoyé en congé avant d'avoir terminé son instruction, afin que, si l'on rappelle la
réserve, le régiment soit fort en bons soldats et
non pas seulement en effectif.

« Les hommes en congé doivent être passés en
revue, tous les mois, par un sous-officier. Ce sous-

officier ne sera point commandé à l'ancienneté,
mais on le choisira capable d'apprendre aux hommes comment ils doivent se conduire en soldats.

« Les officiers supérieurs doivent savoir que,
d'après les ordres du Roi et les habitudes de l'armée prussienne, tout homme en congé ne doit se
faire voir, le dimanche et les jours de fêtes, dans
les villes et les garnisons, qu'en tenue et avec son
sabre. Chaque officier veillera à l'exécution de
cet ordre, et les cuirassiers, dragons et hussards
des régiments en Silésie, porteront, le dimanche,
une tenue digne de l'armée prussienne. Je suis
certain que mon régiment, qui a su mériter jusqu'ici l'approbation du Roi s'efforcera de la conserver et observera strictement les ordres que je
viens de donner. »

L'ordre suivant, envoyé plus tard au major de
Minkwitz, à Strehlen, est remarquable par sa précision et, l'on pourrait presque dire, par sa naïveté.

« Vous aurez la bonté de visiter le régiment et
de faire exécuter les dispositions suivantes: Tous
les officiers doivent être en mesure de se mettre
en marche au premier ordre. Vous vous ferez présenter les chevaux de bât, les bâts et leurs ac-

cessoires et vous me rendrez compte de ce qui manque.

« A partir du premier avril, les officiers de mon régiment, dans le service comme en dehors, ne doivent porter que des bottes d'ordonnance, à revers. En outre, chaque officier devra avoir, le 1er mai, un habit de dessus, assez ample pour être porté par-dessus l'habit de cheval. Les boutons, les parements et le collet seront exactement semblables à ceux de l'habit que j'ai fait faire par le tailleur du régiment. Chacun peut faire mettre de la flanelle ou ce qu'il voudra entre le drap et la doublure, mais tout ce qui se voit doit être d'uniforme. J'ordonne en outre que, dans le service, les officiers aient des éperons en fer ; ceux en argent ne sont permis que pour les revues.

« Les chefs de compagnies veilleront à ce que les selles de la compagnie, aussi bien que celles de la réserve, soient telles que le bois ne se casse point dès les premières marches et qu'elles ne blessent pas les chevaux. Ils s'assureront que les carabines et les pistolets sont en bon état. Cela s'applique à la réserve aussi bien qu'à la compagnie.

« Au printemps, je visiterai les garnisons à

l'improviste ; je verrai les selles et les armes et j'aurai mauvaise opinion des chefs de compagnie qui auraient négligé ces détails essentiels. Parmi ces choses essentielles, je place les couvre-fontes, qui doivent être tels que le pistolet ne soit jamais mouillé.

« Vous verrez les fourgons et les équipages, et vous me rendrez compte si tout est en état de partir au premier ordre.

« J'ai prescrit depuis deux ans que chaque officier ait connaissance de mes ordres ; je le recommande de nouveau. J'ai l'honneur de commander à des gens qui ont pour la plupart une véritable ambition, et j'espère que chacun, dans sa sphère, contribuera de toutes ses forces à soutenir la vieille réputation du régiment. »

Donnons, pour terminer, l'ordre que fit Seydlitz après les dernières grandes manœuvres auxquelles il assista.

« J'ai remarqué des flanqueurs (tirailleurs) aussi maladroits qu'un paysan silésien qui tire un coup de pistolet à une noce de village. Ceci me porte à croire que les ordres du Roi ne sont pas suivis et que les cuirassiers, dragons et hussards ne sont point exercés individuellement à se servir de la

carabine, du pistolet et du sabre. Je répète avec
insistance que tous les ordres donnés à ce sujet au
régiment doivent être connus de chaque officier,
et que les officiers supérieurs doivent s'assurer,
dans leurs tournées, que ces ordres sont ponctuel-
lement exécutés.

« Le Roi veut qu'aucun cheval bien portant ne
reste deux jours de suite à l'écurie. C'est le moyen
de rendre le cavalier plus habile à manier son
cheval et ses armes. J'invite tous les officiers supérieurs à surveiller cette disposition dans le régiment, afin que les progrès y soient incessants et
que je ne voie plus de jeunes officiers aussi maladroits aux évolutions. Chaque commandant m'en-
verra, tous les quinze jours, un rapport sur les
événements arrivés dans la garnison et sur l'exécution des ordres du Roi. »

Nous ajoutons quelques traits du portrait qu'a
tracé du caractère de notre héros le capitaine de
Blankenbourg. Il dit : « La manière dont commandait Seydlitz, l'indulgence et la douceur avec
laquelle il relevait les fautes et remarquait les
imperfections, engageait chacun à se corriger lui-
même. La pénétration avec laquelle il en signalait

les causes et les moyens d'y remédier mettait tout le monde en état de le faire.

« Les exercices d'escadron ou de régiment qu'il faisait faire à ses inspections renfermaient les principes de la perfection des manœuvres. S'il trouvait, par exemple, qu'un régiment ne montait pas assez bien à cheval, il choisissait pour l'exercer, un terrain très-accidenté, difficile et plein d'obstacles.

« Seydlitz témoignait une bienveillance particulière aux officiers zélés et sachant leur métier, quand même leur instruction générale eût été très-ordinaire.

« Les reproches qu'il était forcé d'adresser n'étaient jamais blessants pour le sentiment d'honneur qui doit animer le soldat, mais toujours appropriés au caractère du coupable. Malgré sa vivacité, Seydlitz ne s'emportait presque jamais et restait maître de lui, dans le mécontentement comme dans le danger. Dans ces occasions-là, il ne lui arrivait jamais de gesticuler violemment ni de crier. »

Dans l'exercice du commandement, les rapports de Seydlitz avec ses inférieurs étaient ceux de l'époque et du métier. Le trait suivant prouvera que Seydlitz savait, au besoin, mettre l'homme avant le général.

Pendant la bataille de Freiberg, Seydlitz, impatienté de voir l'attaque des Prussiens aller moins vite que ses désirs, s'emporta en paroles injurieuses contre un officier qui attendait, à la tête d'une troupe de cuirassiers, le moment de charger. Celui-ci ne répondit rien ; mais, au même instant, trouvant l'occasion favorable, il chargea avec une grande vigueur. Le général comprit qu'il avait insulté cet homme injustement, et, le lendemain, il lui fit dire par son colonel qu'il était prêt à lui rendre raison. Cette offre généreuse devait satisfaire l'officier, et la chose en resta là.

Un officier de son régiment, pour échapper aux poursuites d'un créancier, s'appuyait sur un ordre du Roi qui déclarait illégales et non obligatoires les dettes des officiers. Dès que Seydlitz fut instruit de cet abus de confiance, il fit mettre l'officier en prison et le força de reconnaître l'indignité de sa conduite.

Seydlitz ne sut pas toujours éviter les abus d'autorité, mais il sut les reconnaître et les réparer.

Dans une famille d'Ohlau, se trouvaient deux

charmantes jeunes filles pour l'une desquelles Seydlitz avait une inclination sérieuse. Un de ses officiers aimait aussi cette jeune personne et s'en était fait accueillir favorablement. Pour se défaire d'un rival importun, Seydlitz envoya l'officier dans une garnison assez éloignée. Cependant, l'amoureux venait chaque soir à Ohlau, en bourgeois et sans permission, et retournait avant le jour, dans sa garnison. — Seydlitz en fut informé. Il partit de très-bonne heure pour la chasse, un jour de brouillard, et prit le chemin que devait suivre l'officier pour retourner chez lui. Celui-ci, galopant sans inquiétude, vint se jeter dans le général. Il était trop tard pour l'éviter et l'officier balbutia quelques paroles d'excuses. Mais Seydlitz, satisfait de l'embarras du jeune homme, et sentant que son rôle n'était pas parfaitement convenable, l'arrêta court, en lui disant : « Je ne vous connais pas, mais prenez garde que le général n'apprenne votre conduite, car il pourrait vous en coûter cher. »
— Cet officier épousa plus tard la jeune fille.

De semblables exemples de la bienveillance personnelle de Seydlitz n'étaient pas rares. Ils augmentaient la confiance, sans diminuer la crainte. — Il arrivait parfois que des officiers

allaient sans permission d'Ohlau à Breslau. Lorsqu'il le savait, Seydlitz montait à cheval et courait
après eux avec sa fougue habituelle. S'il atteignait
le coupable, il le punissait sévèrement ; mais si
celui-ci parvenait à s'échapper, non-seulement il
n'était pas puni, mais encore il recevait des com-
pliments sur la vigueur de son cheval et sa manière
de le monter.

Seydlitz détestait ce qui semblait efféminé et ne
le souffrait jamais près de lui. Les officiers devaient
toujours porter des cravates raides et de la même
étoffe que celles de la troupe. Un jour, un officier
vint dîner chez le général avec un col de velours.
Seydlitz lui dit avec humeur : « Je n'ai pas l'habitude d'avoir à ma table des apprentis. » Il se
calma cependant lorsqu'il sut qu'un mal accidentel
était la cause du col de velours qui avait valu à
l'officier la qualification assez étrange d'apprenti.

Le Roi lui-même détestait, chez les militaires,
ce qui sentait le luxe et la mollesse, et il ne laissait
passer aucune occasion de le témoigner. Un jour
Frédéric trouva, dans son antichambre, un superbe
manchon qu'il jeta au feu, croyant qu'il avait été
déposé là par Seydlitz. Le manchon appartenait à

l'ambassadeur d'Espagne et Seydlitz s'amusa beaucoup de la méprise du Roi.

Dans son régiment, se trouvait un officier brave
et instruit, mais d'un caractère un peu indolent,
et qui occupait ses loisirs en faisant de petits
ouvrages de femme, fort à la mode alors. Seydlitz
estimait cet officier, mais cette fantaisie lui déplai-
sait. Il le fit appeler un jour à l'exercice et lui dit :
« M. X..., ne vous tenez donc pas devant la
troupe comme si vous étiez à votre table à ouvrage. »

Dans une autre occasion, il corrigeait le reproche par un éloge. — Un régiment devait être
inspecté par lui et allait sortir quand survint une
pluie violente. Le colonel envoya demander s'il
ne devait pas attendre que la pluie cessât et Seydlitz
lui fit cette réponse : « Qu'on monte à cheval; le
régiment ne s'est point laissé arrêter par le mauvais temps, sur le champ de bataille. »

Ses aides de camp avaient avec Seydlitz des
rapports personnels qui leur permettaient de connaître son caractère, puisqu'ils étaient les instru-
ments ou les organes directs de chacune de ses
volontés ou de ses idées. Parmi eux, il faut citer
l'aide de camp de régiment, de Reibnitz. C'est

dans ses souvenirs que sont puisés beaucoup des
traits qui sont ici livrés au public pour la première
fois.

Reibnitz, étant cadet-gentilhomme dans le régiment de hussards de Werner, accompagna le
général dans une inspection. Il lui plut tellement
par sa manière hardie de monter à cheval, par ses
réponses justes et par la précision avec laquelle il
exécutait les ordres, que Seydlitz voulut le faire
passer cornette dans son régiment de cuirassiers.
Mais le jeune gentilhomme était sans fortune, et
le major comte de Krockow, qui commandait son
escadron, lui avait promis de l'équiper quand il
passerait officier au régiment.

Le désir du général le faisait officier à l'improviste, mais Reibnitz perdait l'aide qui lui avait été
promise, en passant dans un régiment où elle lui
eût été plus nécessaire puisque l'équipement y était
beaucoup plus cher que dans les hussards. Le major
fit observer au général que Reibnitz était trop
pauvre pour passer aux cuirassiers et qu'un autre
cadet-gentilhomme y serait mieux placé. Seydlitz
lui répondit froidement : « Quand je désire un
conseil, je le demande. Reibnitz me plaît et je le
nomme cornette dans mon régiment. Qu'il fasse

son devoir, qu'il ait confiance en Dieu et en moi, et il ne sera point abandonné. » — En effet Reibnitz, dut aux libéralités de Seydlitz une partie de l'équipement que Krockow lui avait promis.

Après avoir fait preuve de zèle et d'intelligence pendant plusieurs années, le cornette fut nommé lieutenant, et Seydlitz, qui l'avait suivi avec attention, résolut de se l'attacher comme aide de camp de régiment. Il voulut auparavant mettre à l'épreuve son activité et sa patience.

Par une affreuse nuit d'hiver, le général fait appeler Reibnitz, qui paraît presque aussitôt, en uniforme et sans manteau. Seydlitz lui demande combien il y a d'hommes mariés au régiment, combien d'enfants ils ont, etc. L'aide de camp répond exactement et est renvoyé. — Après le temps à peu près nécessaire pour se déshabiller et se coucher, Reibnitz est rappelé de nouveau chez le général, qui lui demande le nom du plus grand cuirassier du régiment. Il répond et s'en va. — Seydlitz le rappelle une troisième fois pour lui faire une question aussi insignifiante que les deux premières ; Reibnitz est toujours aussi empressé et ne laisse pas voir la moindre surprise. A 4 heures du matin, il revint pour la quatrième fois devant le fauteuil du général qui lui dit: « J'ai voulu m'assurer de votre patience en vous faisant appeler si souvent pour des bagatelles; vous êtes toujours venu rapidement et vous avez su répondre à mes questions. Votre garde-robe me paraît vous exposer à attraper un rhume, par une nuit aussi froide, et je vous prie d'accepter ces cinq ducats pour vous en faire faire un habit de dessus. »

Les anecdotes qui suivent donneront une idée des difficultés et des avantages de la position aussi enviée qu'honorable d'aide de camp de Seydlitz. Il arrivait quelquefois à l'exercice que les cuirassiers laissaient tomber leur chapeau. Ces accidents déplaisaient fort à Seydlitz, et il fit savoir, un jour, au moment de monter à cheval, que tout cavalier qui laisserait tomber son chapeau serait puni: le soldat, de 20 coups de canne, et l'officier de 24 heures d'arrêts. Ce jour-là, Seydlitz fut très-mécontent de la manœuvre, et il ordonna que les officiers monteraient à cheval dans l'après-midi pour manœuvrer seuls. Il commanda lui-même tous les mouvements. Les officiers rivalisaient d'attention et de zèle et tout alla bien jusqu'à la marche en bataille qui devait terminer l'exercice. Reibnitz galopait devant le régiment;

son cheval se tracasse et, d'un coup de tête, renverse le chapeau du cavalier. Grâce aux larges bords du chapeau que portaient alors les cuirassiers, celui de Reibnitz vient coiffer une motte de terre, le plumet en l'air. L'aide de camp profite de cet avantage, il fait une volte, saisit, en se baissant, son chapeau par le plumet et le remet sur sa tête; tout cela, sans quitter le galop, et assez lestement pour se trouver encore derrière le général.

Ce dernier le fait appeler après la manœuvre. Reibnitz arrive tout confus et Seydlitz lui dit amicalement: « Pourquoi croyez-vous que je vous aie fait venir? » Reibnitz répond qu'il craint d'être le premier qui ait mérité la punition annoncée le matin même; que son chapeau est pourtant cloué sur sa tête, et qu'il a fallu que le coup de tête du cheval fît casser les jugulaires. Seydlitz lui dit alors qu'il lui fait grâce de la punition parce qu'il a si adroitement réparé sa faute et afin de calmer son cheval un peu trop maigre, il lui donne un rouleau d'or pour acheter du fourrage.

Le tonnerre était tombé dans les environs d'Ohlau et avait mis le feu à un village dont il était difficile de préciser la position à cause des forêts qui couvraient le pays et de la pluie qui tombait à flots. Reibnitz reçut l'ordre de se mettre en campagne pour découvrir le lieu du sinistre et de venir rendre compte au général. Au bout d'une demi-heure, il revient traversé. Seydlitz l'aperçoit et l'appelle de sa fenêtre. Reibnitz tourne aussitôt son cheval, franchit les auges en pierre qui sont devant le quartier et demande ce que veut le général. « Que vous ne vous rompiez pas le cou, répond Seydlitz, allez changer et revenez. » Quand Reibnitz revint faire son rapport, on sut qu'il avait fait près de 3 milles (22 kilomètres) en une demi-heure, et le saut des auges n'en était que plus dangereux avec un cheval fatigué. « Je vous ordonne, dit le général, de n'être pas si imprudent; on ne se casse le cou qu'une fois. Pour conserver les forces de votre cheval, acceptez ces 20 thalers, et recevez mes remercîments pour votre zèle. » — Seydlitz avait chez lui, ce jour-là, une société choisie, et de telles paroles, prononcées devant témoins, étaient une haute récompense.

En 1767, Seydlitz fut nommé général de cavalerie. C'était le plus haut grade qu'il pût obtenir, puisque le Roi ne faisait plus de feld-maréchaux depuis la fin de la guerre de Sept-Ans. Ses attributions ne changèrent pas, le cercle en fut seulement agrandi. Comme auparavant, il inspecta la cavalerie de Silésie, et s'occupa avec le plus grand soin de son régiment de cuirassiers dont l'escadron d'Ohlau, constamment sous ses yeux, était l'objet particulier de sa sollicitude.

XIII

SEYDLITZ ET LE GRAND FRÉDÉRIC

Lorsque le Roi venait faire manœuvrer les troupes de Silésie, Seydlitz était certain que la cavalerie mériterait son approbation, bien que les éloges lui fussent parfois très-ménagés.

Seydlitz paraissait rarement aux manœuvres de Potsdam, et seulement lorsque l'invitation du Roi lui en faisait un devoir. Il y assista pour la dernière fois en 1768. Aucun officier de son inspection n'y fut jamais appelé, tant l'on était persuadé que l'école d'Ohlau était supérieure à toutes les autres. Cette opinion, partagée par l'armée entière, était même répandue à l'étranger ; aussi, les jours de grande revue, Seydlitz était-il l'objet de l'attention générale. Tous les regards se fixaient avidement sur lui ; les troupes et le peuple prononçaient son nom avec admiration.

Lorsqu'en 1769, l'empereur François II voulut avoir une entrevue avec le roi de Prusse, le lieu de réunion fut fixé à Neiss, où Frédéric avait l'habitude d'appeler, chaque année, les troupes de la haute Silésie. L'Empereur demanda instamment au Roi d'y faire venir le fameux régiment de cuirassiers de Seydlitz. Frédéric ne put refuser de satisfaire le désir de son auguste visiteur, bien que le régiment de Seydlitz appartînt à la basse Silésie ; il en conçut néanmoins un secret déplaisir.

Le Roi avait annoncé à Seydlitz l'arrivée de l'Empereur et il avait écrit, de sa propre main, au dos de la lettre : « N'en parlez à personne ». Seydlitz ne remarqua point cette note, et il dit à son aide de camp, devant lequel il avait ouvert la lettre du Roi, qu'il pouvait annoncer cette nouvelle à son père, le ministre de Schlabrendorf, à Breslau. La nouvelle s'ébruita rapidement et arriva jusqu'à Berlin. Le Roi en fut très-mécontent, et il sut bientôt de qui venait l'indiscrétion.

La première fois qu'il vit le général, après son arrivée en Silésie, et il lui dit sèchement : « Depuis quand avez-vous mangé de la *chair de poule,* que vous ne pouvez rien garder pour vous ? »

Seydlitz, décontenancé, contre son habitude, chercha une excuse et dit qu'il avait communiqué la
nouvelle à son aide de camp, qui l'avait sans
doute répandue. Le Roi, qui adressait ordinairement la parole au jeune Schlabrendorf, le regarda
d'un air mécontent et passa outre. Ce dernier ne
put s'empêcher de se plaindre de cette disgrâce
imméritée, et Seydlitz, irrité lui-même, chercha à
le consoler en lui faisant remarquer que le Roi
avait l'air malade et que sa mauvaise humeur se
passerait.

Le Roi avait fait demander à Seydlitz s'il n'avait pas besoin de nouveaux étendards et s'il
manquait quelque chose à ses troupes pour paraître d'une manière brillante. Seydlitz répondit
qu'il trouvait plus flatteur pour le régiment de
parader avec un étendard déchiré à la guerre. Il
demanda des timballes neuves parce que celles du
régiment avaient été prises aux Autrichiens, dont
elles portaient encore les couleurs, et pourraient
être reconnues par l'Empereur. Le Roi accorda
aussitôt la demande ; mais, bien qu'il eût pour
l'Empereur tous les égards imaginables, il parut
trouver mauvais que ses généraux prissent tant à
cœur d'éviter de blesser Sa Majesté Autrichienne.

A ces manœuvres, Seydlitz excita la plus grande admiration. L'Empereur se fit expliquer les détails du service et il assista à tous les exercices que Seydlitz fit faire à son régiment. Après un mouvement brillamment exécuté, il dit à Seydlitz : « Général Seydlitz, c'est là un mouvement de Rossbach ». Les louanges qu'il donna à la cavalerie prussienne et à son illustre chef perdaient un peu de leur valeur en ce qu'elles décelaient quelquefois, chez l'Empereur, plutôt le désir d'être agréable qu'une grande connaissance du métier ; un mot de satisfaction dans la bouche de Frédéric eût été bien plus flatteur ; cependant, le Roi ne donna pas le moindre signe d'approbation et parut ne pas s'apercevoir de l'effet que produisait son général.

Il en résulta une froideur et un ressentiment très-vifs, et Seydlitz, au lieu de chercher à se rapprocher du Roi, affecta de se tenir à l'écart. Cette mauvaise humeur explique l'étrange conduite de Seydlitz dans la circonstance suivante, que raconte Frédéric Nicolaï : — C'était le troisième jour des manœuvres ; le Roi, placé sur une hauteur, les suivait attentivement avec sa lunette. L'Empereur était fort loin de là avec le prince

Henry, et il n'y avait personne auprès du Roi que
Seydlitz, qui en était à une centaine de pas, avec
son chirurgien de régiment.

Tout à coup, le cheval que montait le Roi prit
peur, fit un écart et s'abattit. Le Roi ne tomba
cependant point sous le cheval qui se releva et
prit la fuite. Le chirurgien poussa un cri et demanda au général s'il ne devait pas aller voir si
le Roi avait quelque mal. Seydlitz, qui vit le Roi
déjà sur ses jambes, lui répondit : « Restez ici, le
Roi ne serait pas content qu'on se fût aperçu de
sa chute, s'il n'a pas de mal. » — Le chirurgien
demanda encore s'il ne devait pas aller dire d'a-
mener au Roi un des chevaux de main du général.
« Non, répondit Seydlitz, à moins que le Roi ne
le demande formellement ; mes chevaux ont la
tête un peu chaude et pourraient faire quelque
sottise. » Il faisait allusion à la manière dont le
Roi corrigeait ses chevaux.

Frédéric resta pendant un quart-d'heure, tout
seul et à pied, continuant à regarder avec sa lunette
les évolutions des troupes, et le général, tournant
la tête du côté opposé, ne semblait pas s'apercevoir de ce qui était arrivé au Roi. Le cheval fut
ramené au Roi qui le monta sans rien dire.

Seydlitz ne pouvait supporter la moindre blessure à son amour-propre; l'anecdote suivante en
est une preuve: Pendant les manœuvres, un officier très-vaniteux, auquel ses fanfaronnades avaient
valu le sobriquet de Grand Mogol, eut le malheur
d'estropier son meilleur cheval, peu de jours
avant la grande parade. Ses camarades refusèrent
de lui prêter un de leurs chevaux, et le Grand
Mogol fut obligé de monter, devant l'Empereur,
son deuxième cheval qui était fort laid et avait
une queue de rat. L'Empereur ne tarissait pas en
éloges sur la beauté du régiment et sa suite faisait
chorus, quand quelqu'un s'avisa de dire qu'il était
dommage que l'un des officiers fût monté sur un
mulet. Seydlitz entendit ce propos et il en conçut
un ressentiment si vif qu'il mit aux arrêts jusqu'à
la fin des manœuvres l'officier au cheval queue
de rat.

Les exercices terminés, l'Empereur et le Roi,
suivis d'une nombreuse escorte de généraux et
d'officiers d'état-major, retournèrent à Neiss. Devant la porte du palais épiscopal où il demeurait,
l'Empereur causa longtemps avec Seydlitz; il lui
demanda plusieurs renseignements; il lui répéta
ses éloges en l'assurant de ses bonnes grâces et

termina par ces paroles : « Si les circonstances me le permettaient, je viendrais apprendre de vous le service de la cavalerie ; mais puisque cela est impossible, je désirerais vous avoir à mon service ».

« — Votre Majesté Impériale, répondit Seydlitz, ferait en moi une mauvaise acquisition, car je ne sais servir qu'un maître, et c'est celui que j'ai. »

— Le Roi assistait à ce long entretien avec une impatience visible ; il entendit les derniers mots que Seydlitz avait prononcés à voix haute et lui demanda d'un ton de mauvaise humeur : « Qu'avez-vous donc à causer si longtemps avec l'Empereur ? » Seydlitz lui répéta ce qu'il venait de dire et reçut cette réponse rebutante : « Je ne vous demande pas d'explication. »

L'Empereur garda un bon souvenir de Seydlitz. Il lui envoya de Vienne trois beaux chevaux turcs et, comme on l'avait instruit des goûts du général, il lui fit cadeau d'une ravissante esclave circassienne. Celle-ci savait, à ce qu'il paraît, les droits qu'elle acquérait en quittant l'Orient, car elle se conduisit de façon que Seydlitz fut obligé de la renvoyer au bout de fort peu de temps.

Les rapports de Seydlitz avec le Roi subirent, dans la suite des modifications fréquentes. Le Roi

estimait le général d'une façon particulière ; il reconnaissait hautement son mérite ; il accordait la
plus grande valeur à ses jugements, mais il sai-
sissait volontiers l'occasion de blâmer quelque
chose et, souvent, d'une manière blessante. Après
la revue de 1770, dans laquelle Frédéric témoigna au général une extrême bienveillance, il lui
dit: « Mon cher Seydlitz, je trouve que votre régiment porte les étriers beaucoup plus longs que
le reste de la cavalerie. » Seydlitz, qui trouvait
les étriers d'une longueur convenable et ne voulait point accepter le blâme, répondit froidement:
« Sire, le régiment monte à cheval aujourd'hui
comme à Rossbach. » — Le Roi se tut.

Une autre fois, le Roi proposait à ses généraux
un nouveau projet sur la durée des chevaux et la
remonte de la cavalerie. Seydlitz réfléchissait et
le Roi lui demanda son opinion: « J'ai calculé,
dit-il, que d'après cette disposition, dans 10 ans,
le plus jeune cheval de la cavalerie de Votre Majesté
en aura 15. » — Le Roi se détourna et il abandonna son projet.

Un jour, en présence du Roi, on discutait la question si la cavalerie devait être armée d'un sabre à
un ou à deux tranchants. La discussion un peu

longue ennuyait Seydlitz qui y mit fin, en disant:
« Quand la cavalerie arrive sur l'ennemi avant
que celui-ci n'ait eu le temps d'examiner quel
sabre elle porte, elle peut n'avoir à la main que
des cravaches, elle est sûre de vaincre.

Dans une autre circonstance, Seydlitz sut éviter
adroitement de se compromettre. Un jour de revue, la cavalerie n'exécutait pas régulièrement
une marche en bataille. Seydlitz court au galop à
l'aile qui lui semblait en défaut et lui crie : « En
avant! » — Au même moment arrivait le Roi qui
crie : « En arrière! » Aussitôt, Seydlitz fait faire
une volte à son cheval; il met pied à terre et fait
semblant d'arranger sa bride. — Là-dessus, le Roi
s'éloigne, et l'aile en défaut rectifie comme elle
peut sa direction.

La mauvaise humeur durait souvent plusieurs
jours de suite, puis le Roi savait, d'un mot, faire
disparaître toute rancune. Un jour, à la table royale,
Seydlitz était silencieux et bourru. Le Roi ne lui
parlait pas et s'entretenait de la guerre avec un
général français. — On parla de Zorndorf. — Le Roi
développait les divers mouvements, les attaques
successives et, tout en racontant, il regardait de
temps en temps Seydlitz qui ne changeait pas de

figure. Enfin, le roi s'écria vivement : « Que vous dire de plus ? Voilà celui, montrant Seydlitz, qui a gagné la bataille. » — La gaîté et la bonne humeur reparurent aussitôt.

L'anecdote suivante montre de quelle considération jouissait Seydlitz près du Roi et de la cour. Le Roi avait l'habitude, à table, d'exercer son esprit satirique, et plusieurs de ses convives étaient le but ordinaire de plaisanteries souvent mordantes. Le grand écuyer, comte de Schwerin, qui donnait prise sur lui par une grande loquacité et d'autres petits défauts, servait régulièrement de plastron au Roi. Un jour, poussé à bout, Schwerin s'écria d'un ton très vif : « Votre Majesté s'attaque à moi parce que je veux bien m'y prêter, mais qu'elle essaie donc un peu avec lui. » — Il montrait Seydlitz. — Les assistants effrayés se turent ; le Roi devint sérieux, et les plaisanteries cessèrent pour ce jour-là.

Seydlitz n'était jamais plus hardi avec le Roi que lorsque son amour de la justice et le sentiment du devoir lui faisaient plaider la cause de quelqu'un. Il obtenait presque toujours alors ce qu'il demandait.

Un jour, à Breslau, des invalides se pressaient

tellement autour du Roi qu'ils l'importunèrent et qu'il donna l'ordre de les éloigner. « Ce sont, lui dit Seydlitz, de braves gens qui ont risqué leur vie et perdu leurs membres pour donner à Votre Majesté la gloire, et ils sont obligés de mendier ! » — Le Roi fit donner de l'argent à ces hommes et les renvoya avec des paroles bienveillantes.

Le général-major de Bredow avait quitté le service sans recevoir de gratification. Étant sans ressources dans sa vieillesse, ce général essaya de se tuer, mais la balle glissa sur le crâne. Seydlitz dans l'inspection duquel avait été Bredow, exposa si vivement au Roi sa malheureuse position, il demanda un secours avec tant d'instances que Frédéric accorda une pension de 1,000 thalers.

Semblable chose eut lieu pour un général dont le régiment de dragons appartenait également à l'inspection de Seydlitz. Ce général avait fait au Roi, à propos d'une observation sur la remonte, une réponse qui compromettait le général d'Anhalt, aide de camp du Roi, lequel était chargé de la direction des remontes. Peu de temps après, et sans doute à l'instigation de d'Anhalt, le général fut mis à la retraite avec une faible pension. Aussitôt, Seydlitz écrivit au Roi que ce général avait toujours été un brave soldat, qu'il était pauvre et avait de la famille, et que sa pension ne pouvait suffire à ses besoins. — Le Roi la porta sur le champ à 1,500 thalers et paya en outre les dettes du général.

Un jour, le Roi jugeait sévèrement le général d'un régiment de hussards de Silésie. Ce général était un ennemi de Seydlitz ; cependant, au lieu d'approuver le jugement du Roi, comme ce dernier semblait s'y attendre, Seydlitz parla vivement en faveur de son ennemi et reprocha courageusement au Roi d'ajouter foi trop facilement à des rapports inexacts.

Seydlitz savait pourtant fort bien à quoi il s'exposait en répondant au Roi de cette façon. Un jour qu'il était sollicité de renouveler une demande que le Roi avait déjà refusée, il répondit franchement : « Croyez-vous donc que je sois certain de ne pas aller tout droit à Spandau, en sortant du cabinet du Roi ? »

Dans les circonstances ordinaires, et lorsque des motifs sérieux ne le forçaient pas à s'exposer, Seydlitz agissait avec une grande prudence et savait choisir le bon moment. Il poussait la chose si loin que, lorsqu'il était en défaveur, il mettait de côté toutes les demandes concernant son régiment et qui dépendaient du Roi. Aucune demande de congé, d'autorisation de mariage, de retraite ou de pension n'était envoyée. Puis, dès que le vent tournait à la faveur, toutes les demandes en retard étaient expédiées et accordées.

Dans la société, comme à l'occasion du service, la conduite du Roi dépendait souvent de l'impression du moment. Ainsi, Frédéric détestait la fumée du tabac et il témoignait parfois rudement son déplaisir aux fumeurs. Un jour que Seydlitz sentait le tabac, il lui demanda d'où il venait. — Celui-ci répondit qu'il venait de faire des visites de cour. — « Depuis quand les dames de la cour fument-elles ? » dit le Roi avec impatience. —Une autre fois, par considération pour Seydlitz, le Roi l'invitait à fumer en sa présence.

Frédéric II aimait beaucoup les réunions, où son esprit caustique et fin lui donnait constamment l'occasion de briller. Seydlitz ne s'y plaisait point, parce qu'il s'y trouvait éclipsé par d'autres généraux, doués d'un esprit plus vif, possédant une instruction plus étendue, et familiers avec la littérature et les mœurs françaises. Le Roi préférait leur société à celle de Seydlitz, qui était habi-

tuellement taciturne, ne prenant part qu'aux en-
tretiens qui roulaient sur la cavalerie et sur la
chasse, et, le plus souvent, par des monosyllabes.

Mais, à côté des prétentions légitimes de l'esprit, le Roi avait pour ses anciens compagnons
d'armes une affection sincère qui ne fit que croître
avec les années. C'était un besoin pour lui de
revoir, de temps en temps, les hommes qui avaient
partagé ses dangers, sa fortune et sa gloire. C'est
sans doute ce sentiment qui dicta la lettre qu'il
écrivait, de Potsdam, à Seydlitz, le 10 avril 1772.
« Mon cher général de cavalerie de Seydlitz, il y a
« si longtemps que vous n'êtes venu ici, que vous
« devez être *curieux* de voir les régiments qui s'y
« trouvent. Il me sera très-agréable que vous vous
« y rendiez dans ce but, le 1ᵉʳ mai courant.

« FRÉDÉRIC. »

Avant que cette lettre ne parvînt à Ohlau, Seydlitz fut frappé d'une attaque d'apoplexie. Les
médecins lui conseillèrent les eaux de Carlsbad.
Il l'écrivit au Roi, qui lui répondit : « J'ai appris
« avec peine, par votre lettre du 14, qu'une
« attaque d'apoplexie me privera du plaisir de
« vous voir ici. J'ai eu moi-même, en 1747, un

« accident semblable qui n'a pas laissé la moindre
« trace. J'ai donc l'espoir que les eaux de Carls-
« bad vous guériront aussi complétement. Je le
« désire de tout mon cœur. » Mais le Roi était
dans toute la force de la jeunesse, à l'époque dont
il parle là ; Seydlitz ne l'était plus, et, en outre,
son genre de vie l'avait fort affaibli.

Malgré le peu d'attention qu'il accorda à son
mal et aux prescriptions des médecins, Seydlitz se
rétablit assez pour pouvoir passer son inspection
à l'automne qui suivit ; mais il avait recouvré si
peu de forces qu'il ne fit que se tenir à cheval,
sans prendre part aux manœuvres.

Il n'écoutait ni les médecins ni sa propre expé-
rience. — Un officier, envoyé en Orient pour en
ramener des chevaux de remonte, reçut du général la commission expresse de lui acheter deux
jolies Circassiennes. — Ces plaisirs, si funestes à
l'état du malade, ne tardèrent pas à l'aggraver.

Au printemps de 1773, ses forces avaient dis-
paru. Il reçut alors du Roi et du prince Henry les
lettres les plus affectueuses. Un deuxième séjour à
Carlsbad acheva de l'épuiser, et on le rapporta
tellement malade à sa terre de Minkowsky qu'il ne
quitta plus la chambre et bientôt le lit. Son

régiment se réunissait à Ohlau, pendant l'été ; Seydlitz s'y fit transporter pour réjouir ses yeux de la vue de ses cuirassiers. Le Roi s'y rendit lui-même pendant son inspection de Silésie et il alla voir le malade dans son lit.

Seydlitz était devenu un objet de pitié. La maladie, envahissant son visage, avait attaqué le nez, et le général détournait constamment la tête pour ne pas laisser voir son état. Le Roi resta une heure auprès de Seydlitz, lui prodiguant les témoignages d'affection et s'écriant plusieurs fois : « Je ne puis pas vous perdre ! » — Il l'exhorta à prendre les remèdes qu'on lui ordonnait. — « Mon cher Seydlitz, disait-il, ne soyez pas entêté, écoutez le docteur. » — « Et vous, docteur, disait-il à celui-ci, ne soyez pas entêté non plus et ne tourmentez pas le malade avec vos poudres, si c'est une potion qu'il préfère, et si l'un est aussi bon que l'autre. »

Seydlitz était ému jusqu'aux larmes et se rattacha à la vie. On ne connaissait rien à sa maladie et le Roi croyait toujours à une attaque. En s'en allant, Frédéric causa longuement avec le médecin ; celui-ci se plaignait du caractère de son malade, et le Roi lui dit : « Pas si haut ! pas si

haut ! Si Seydlitz nous entendait, il nous enverrait tous les deux au diable. »

Seydlitz avait recommandé au Roi les officiers
qu'il estimait, et particulièrement son aide de
camp privilégié. Après le départ du Roi, l'aide
de camp se tenait tristement près de son lit ;
Seydlitz lui dit : « Reibnitz, soyez tranquille. Si
Dieu me prête vie, j'aurai soin de vous ; sinon,
vous êtes recommandé au roi. » — Frédéric se
rappela cette recommandation et tint parole.

De retour à Potsdam, le Roi écrivit à Seydlitz
qu'il ne pouvait se faire à l'idée de le perdre,
mais que, dans la possibilité de ce malheur, il le
priait de lui désigner celui qu'il jugeait le plus
capable de le remplacer comme général de cavalerie. Il devait au Roi cette dernière preuve
d'amitié et à la patrie ce dernier service.

On assure que Seydlitz désigna le colonel de
Wakenitz qu'il avait si chaudement recommandé
après Zorndorf. Ce pouvait être sa conviction,
mais c'était une inconvenance, car Wakenitz avait
quitté le service de la Prusse pour celui de la
Hesse et ne pouvait plus prétendre aux bonnes
grâces du Roi. Frédéric reçut fort mal cette pro-
position et dit en riant : « Cela prouve que les plus

grands hommes radotent quand ils sont aux abois. »

Blankenbourg met la chose en doute, mais sans preuves suffisantes. Elle est conforme au caractère des deux hommes et le major de Kaltenborn, qui la raconte, est digne de foi. Retzow affirme aussi ce fait, mais il dit qu'il se passa auprès du lit de Seydlitz, et il prête au Roi les paroles suivantes: « Comment pouvez-vous proposer pour un tel poste un officier qui n'est plus à mon service? » — « Je n'en connais pas de plus capable, répondit Seydlitz. » — Sur quoi, le Roi se serait retiré de mauvaise humeur.

Le prince de Prusse, depuis Frédéric-Guillaume II, rendit aussi visite au malade. Seydlitz le pria d'accepter un de ses chevaux. Le prince y consentit et il écrivait de Breslau, le 27 août 1773 :
« Mon cher général de Seydlitz, le lieutenant de
« Kleist vient de m'amener le cheval que vous
« avez eu la bonté de m'offrir. Il me plaît beau-
« coup et je ne saurais trop vous en remercier.
« Mes sentiments vous sont connus et je vous
« prie de croire que je n'oublierai jamais un
« homme de votre mérite. J'accepte le cheval, non
« comme un souvenir, mais comme un témoi-

« gnage d'amitié. Je vous supplie d'écouter les
« médecins et je ne doute pas qu'ils ne vous gué-
« rissent. Vous avez si souvent risqué votre vie
« pour la patrie que c'est maintenant un devoir
« de la conserver pour elle et pour vos amis,
« parmi lesquels je me place comme un des plus
« affectionnés.

« Frédéric-Guillaume. »

Les espérances furent vaines. Le malade lan-
guit encore quelques semaines et s'éteignit douce-
ment, le 7 novembre 1773, à l'âge de 53 ans.

A la nouvelle de la mort du héros, le Roi écrivit au général de Rœder, successeur de Seydlitz
dans l'inspection de la Basse-Silésie, qu'il venait
de perdre un de ses meilleurs généraux. Pour
montrer à l'armée combien il l'estimait, il ordonna que tous les officiers supérieurs porteraient
un crêpe au bras pendant quinze jours.

D'après les ordres de Seydlitz, son corps fut
transporté dans sa propriété. Les honneurs militaires lui furent rendus en route, et il fut enterré
dans le jardin de Minkowsky. Seydlitz avait voulu
reposer au milieu de ses bois.

Le château était magnifique mais d'un aspect
sévère. Les écuries en occupaient la plus grande
place. A l'entrée de l'habitation, il avait fait
mettre Curius avec sa massue et Cincinnatus avec
sa charrue. — Sa tombe est sous de grands
chênes. — Un monument ovale en grès supporte
une urne de marbre noir et un lion dormant. —
Une table de marbre noir porte en lettres d'or,
l'inscription suivante :

Herois Fried. Wilh. L. B. de Seydlitz,
nat. a. 1721. denat. a. 1773. Cineres.

La postérité de Seydlitz ne prospéra point. Il
ne laissa point d'héritiers mâles. L'aînée de ses
deux filles épousa M. de Massow, membre du
conseil de guerre de Breslau. Elle divorça et se
remaria avec un polonais, le comte Monczinsky,
qui dissipa toute sa fortune. Elle se fit catholique,
éprouva de grand malheurs et mourut à Brieg,
dans une maison de fous. La plus jeune mourut
en Lusace, à un âge avancé et dans un état voisin
de la misère.

Notre récit doit avoir fait connaître la personne et le caractère de Seydlitz; nous allons encore en donner quelques traits.

Seydlitz n'était pas très-grand, mais il était admirablement proportionné et offrait l'apparence de la force et de l'adresse. — Il conserva jusqu'à sa mort une attitude droite et fière. — A cheval, il était incomparable. Il est certain, dit Blankenbourg, que sa figure seule eût suffi pour mener sur l'ennemi une ligne de cavalerie. — Sa physionomie n'était point saisissante, mais ses yeux lançaient des éclairs et annonçaient tout le feu qu'il montrait dans le danger et les aventures.

La noblesse et la générosité faisaient le fond du caractère de Seydlitz. Il fut l'un des plus humains parmi les généraux de son temps. Il détestait les punitions cruelles et supprima presque entièrement les coups de canne dans son régiment. Il protégeait les paysans d'une façon particulière, malgré toute la supériorité qu'il accordait sur eux au soldat.

Un jour, un jeune officier, chargé de porter un ordre, traversa un champ cultivé. Seydlitz lui dit à son retour : « Vous n'avez certainement pas de propriétés. »

Seydlitz s'intéressait volontiers aux officiers dont il connaissait les bons services, mais qui manquaient de distinction. Un de ses aides de camp levait un jour les épaules à propos d'un vieux capitaine qui n'avait pas compris un ordre : « Laissez-le faire, dit-il, il en a plus fait que nous deux en présence de l'ennemi. »

Nous avons dit que, sous l'impression du moment, Seydlitz avait quelquefois toute la violence et le despotisme de son temps et de son métier. C'était surtout dans les conflits entre les bourgeois et les militaires, et chaque fois qu'il croyait l'honneur de l'officier attaqué. Le prince Frédéric-Louis de Hohenlohe-Ingelfingen en racontait un exemple amusant.

Seydlitz passait une partie de son temps à fumer à sa fenêtre. Le bourgmestre d'Ohlau, qui demeurait en face de lui, avait un goût prononcé pour le même passe-temps, et se mettait à sa fenêtre, le matin, en bonnet de nuit. Seydlitz vit là un manque de respect et lui ordonna d'ôter son bonnet. Le bourgmestre, de son côté, trouva la prétention blessante et garda son bonnet. Seydlitz prend alors un pistolet et fait feu sur le magistrat, qui se retire effrayé et envoie de suite une estafette porter sa plainte au Roi. Frédéric n'y donna pas suite, ne voulant pas punir, comme la faute d'un jeune fou, l'emportement d'un homme du rang et du mérite de Seydlitz.

Malgré le rapide avancement de Seydlitz aux grades les plus élevés de l'armée, le mérite de ses actions parlait si haut que personne n'osa en être jaloux ; il eut peu d'ennemis. — Les circonstances de la guerre avaient fait du général de Kleist le rival de Seydlitz ; il l'était resté pendant la paix. Le Roi prenait souvent son avis pour ce qui regardait la cavalerie, et ce n'était pas toujours l'avis de Seydlitz. — Bien qu'il n'aimât pas Kleist, Seydlitz reconnaissait son mérite, et lorsqu'il apprit sa mort, en 1767, il dit, à l'étonnement général : « J'ai la douleur de vous apprendre la mort du lieutenant général de Kleist. L'armée perd en lui un des meilleurs généraux de cavalerie et S. M. le Roi l'un de ses plus fidèles serviteurs. »

Un des côtés saillants du caractère de Seydlitz, et dont il a déjà été parlé, c'est le respect pour la religion et les choses saintes, qu'il conserva toujours malgré les écarts de sa bouillante jeunesse et la violence de ses passions. Dans la guerre de Sept-Ans, il faisait haranguer ses cavaliers par le pasteur avant chaque bataille, et porter les secours de la religion aux blessés et aux mourants. Un jour qu'il était à côté du Roi, un régiment de dragons vint à passer en chantant un hymne religieux : « Ce sont les poltrons qui chantent, dit le Roi. » — Seydlitz ne chantait jamais; cependant il défendit les dragons, en rappelant que le général de Ziéten chantait. — Seydlitz avait des relations d'amitié avec le pasteur de son régiment, qui mourut pasteur à Ohlau, en 1791. — S'il ne s'inquiétait point de leur croyance et de leur manière de voir, il ne souffrait pas que les jeunes officiers fissent des plaisanteries sur la religion et ses ministres.

L'instruction de Seydlitz n'était pas très-étendue; ses connaissances étaient celles de son temps et de son métier. La langue française lui était familière, mais il n'avait pas beaucoup plus étudié la littérature française que celle de son pays. Cependant Seydlitz reconnaissait l'importance de l'étude des sciences pour un officier. Il avait créé, dans son régiment, une bibliothèque d'où les livres frivoles étaient bannis avec grand soin.

Seydlitz, raconte Warnery, avait dans son inspection de Silésie une centaine de sous-officiers nobles. Il voulait les faire venir à Ohlau pour les instruire et les former sous sa direction. Ils devaient apprendre les langues étrangères, les mathématiques, tous les exercices du corps, et rentrer à leur régiment, deux mois avant l'inspection, pour les manœuvres. Ces jeunes gens eussent fait ainsi de grands progrès sans qu'il en coûtât au Roi plus d'une cinquantaine de ducats à donner aux instructeurs; mais des intrigues empêchèrent ce projet d'être mis à exécution.

Tous les témoignages compétents, depuis Frédéric jusqu'à nous, sont unanimes à reconnaître le mérite de Seydlitz. C'était, dit le Roi, un cava- « lier sans pareil et un général dont l'élan irrésis- « tible décidait la victoire. Il éleva la cavalerie « prussienne tout près de la perfection. »

Parmi les lieutenants de Frédéric II, Winterfeld et Seydlitz sont en première ligne. Les qualités de ces deux hommes, leurs hauts faits, leurs goûts et leur genre de vie, leur mort même, ont de nombreux points de ressemblance.

Le 2 mai 1784, le Roi fit élever un monument à Seydlitz, sur la place Guillaume, à Berlin. La statue en marbre du héros, dans son costume militaire, est due au statuaire Tassaert qui s'était servi, par ordre du Roi, d'un portrait fort ressemblant appartenant à Lord Marishal. Le prince

Henry lui fit élever un autre monument à Rheinsberg. — Le souvenir de Seydlitz est impérissable dans l'armée prussienne.

TABLE DES CHAPITRES

EN VENTE À LA MÊME LIBRAIRIE

CHARLES XV (LE ROI). — Idées et réflexions sur les mouvements de la tactique moderne. 1868. Br. grand in-8°.   1 fr. 50

CHARLES XV (LE ROI). — Considérations sur l'infanterie. 1869. Br. grand in-8°.   3 fr.

LECOMTE. — Guerre de la sécession. Esquisse des événements militaires et politiques des États-Unis, de 1861 à 1865. 3 vol. grand in-8° avec cartes.   15 fr.

DE BAS. — L'armée danoise en 1864 : Le dannevirke et Dybbol. Étude historique et militaire basée sur des documents officiels. 1868. 1 vol. in-8°, avec cartes.   8 fr.

FRITSCH-LANG. — L'artillerie rayée prussienne à l'attaque de Düppel, d'après les auteurs allemands. 1865. Br. in-8° avec carte.   2 fr. 80

WALTON. — Souvenirs d'un officier belge au Mexique. 1868. 1 vol. in-12.   3 fr. 50

LECOMTE. — Guerre de la Prusse et de l'Italie contre l'Autriche et la Confédération germanique en 1866 ; relation historique et critique. 1868. 2 vol. in-8°, avec cartes et plans.   20 fr.

QUESTIONS de stratégie et d'organisation militaire relatives aux événements de la guerre de Bohême, par un officier général (Jomini). 1866. Br. in-8°.   1 fr.

LULLIER. — La vérité sur la campagne de Bohême en 1866, ou les quatre grandes fautes militaires des Prussiens. 1867. Br. in-8. 1 fr.

MARNIER. — Souvenirs de guerre en temps de paix : 1793, 1806, 1813, 1862, récits historiques et anecdotiques extraits de ses Mémoires inédits. 1868. 1 vol. in-8°.   5 fr.

FRÉDÉRIC-CHARLES (PRINCE). — L'art de combattre l'armée française. Traduit de l'allemand par W. Reymond. 1867. Br. in-8, 1 fr.

VANDEVELDE. — Commentaire sur la tactique à propos du Mémoire militaire du prince Frédéric-Charles de Prusse ; *L'art de combattre l'armée française.* 1866. Br. in-8°.   2 fr.

QUELQUES CONSIDÉRATIONS sur la campagne active d'Orient (avril-sept. 1854), par T. C. C. 1866. Br. in-8°, avec cartes.   2 fr.

VERTRAY. — Album de l'expédition française en Italie en 1849, contenant 14 dessins, 4 cartes topographiques indiquant les opérations militaires, avec un texte explicatif. 1853. 1 vol. in-fol. 10 fr.

ÉVREUX, A. HÉRISSEY, imp.   238